最會說故事的金融導師

Brian Feroldi ——著　黃意雯——譯

股票是在漲什麼？

眼光比較重要！
實踐致富心態的底層知識

Why Does The Stock Market

Go Up?

謹獻

本書獻給每個利用閒暇時間增進自身金融知識的人。

換言之，這本書就是獻給你的。

Contents

引　言　最簡單，卻最容易被忽略的根本問題　　　　11

本書使用方法　　　　14

第1章　為什麼我們該關心股票？　　　　15

PART 1 ───────────────────────────────

關於股市的底層知識

第2章　股票，讓你擁有公司的一部份　　　　24

第3章　當公司獲利，股票價值就誕生　　　　27

第4章　股市，實現供需法則的場所　　　　30

第5章　道瓊指數：歷史悠久的藍籌股指標　　　　32

第6章　標普500指數：定期更新的大型股指標　　　　36

第7章　納斯達克指數：源於電腦化交易的指標　　　　41

PART 2 ────────────────────────────────

公司上市，讓任何人都能投資

第8章　當公司需要資金　　　　　　　　　　　　　　46

第9章　股票交易會讓公司獲利嗎？　　　　　　　　53

第10章　投資人的賺錢原理　　　　　　　　　　　　55

PART 3 ────────────────────────────────

公司估值誰說了算？

第11章　你願意花多少錢？判斷企業價值的兩個因素　　60

第12章　本益比越低越好？　　　　　　　　　　　　64

第13章　越有價值的公司，股價越高？　　　　　　　67

PART 4 ────────────────────────────────

股價為什麼有漲跌

第14章　本益比浮動的原因　　　　　　　　　　　　72

第15章　股價波動的條件　　　　　　　　　　　　　76

第16章　股市漲跌，反映出群眾心理　　　　　　　　80

第17章　股價長期波動，呈現公司體質　　　83

第18章　股市長期走勢的真義　　　88

第19章　聽說股市長期走多。真的嗎？　　　91

PART 5

股市的大崩盤與復甦

第20章　預期心理與人性的考驗　　　96

第21章　每次崩盤，股市為何總是能復甦？　　　101

PART 6

公司越賺越多？股市上漲的動能

第22章　持續成長：盈餘的七個重要推力　　　110

第23章　適度通膨，帶動盈餘增加　　　112

第24章　生產力，效率與獲利的指標　　　115

第25章　創新：需求的重分配　　　117

第26章　海外擴張，開發國界之外的市場　　　121

第27章　人口狀態，易忽略的關鍵點　　　123

第28章　企業收購，越來越熱門的獲利方法　　　124

第29章　股票回購，小幅提升每股盈餘　　　127

PART 7 ───────────────────────────────

股票複利效應

第30章　複利法則，讓時間成為你的朋友　　134

第31章　股市驚人的複利現象　　　　　　　140

第32章　比起買快樂，不如存股　　　　　　146

PART 8 ───────────────────────────────

進場，贏在起點

第33章　開戶走進股票市場大門　　　　　　　152

第34章　將不同用途的帳戶，納入你的投資計畫　154

第35章　有錢人才可以投資嗎？　　　　　　　165

第36章　投資工具怎麼選？　　　　　　　　　166

第37章　注意！吃掉複利的那些費用　　　　　173

第38章　誰能打敗市場？為什麼連專家也辦不到？　175

第39章　買股之前，必須思考的六個問題　　　179

PART 9 ─────────────────────────────

理專教戰守則

第40章　理專不會帶你上天堂　　　　　　　　　　184

第41章　是業務員，還是真的專家？　　　　　　　187

第42章　合作前，理專該回答的十個問題　　　　　189

第43章　合作時，聰明投資人該自問五個問題　　　196

第44章　機器人會比專家厲害嗎？有哪些優點？　200

PART 10 ────────────────────────────

投資人該避開的思考誤區

第45章　經濟不景氣，該持有現金？　　　　　　　204

第46章　想買低賣高？波段投資人得猜對兩次　　　206

第47章　雞蛋水餃股的迷思。價格會說話　　　　　211

第48章　小賺就好？別讓情緒擋住了美好前景　　　213

第49章　只看殖利率？存股族的最大風險　　　　　215

提升市場洞察力，你該一次釐清的投資觀念

第50章　資產配置，找到你的最佳組合　220

第51章　多元化投資，雞蛋不放同一籃　223

第52章　再平衡，幫助你管理風險　225

第53章　什麼是牛市？什麼是熊市？　228

第54章　債券有什麼用？　230

第55章　定期定額投資法，設定好就丟到腦後　232

第56章　員工認股計畫是福利，但也有缺點　234

第57章　歐美國家普及的歸屬權　237

第58章　股票獎勵制度，員工可以拿到哪些好處？　239

第59章　聯準會的兩大任務　241

第60章　保證資訊公開的證交會　243

第61章　股票分割，吸引投資人的手段　245

我該早二十年有這些習慣與認知，或許你也是　250

名詞檢索，投資知識盤點　256

推薦資源　263

致謝　266

最簡單，卻最容易被忽略的
根本問題

我高中的時候曾經當過桿弟。

有一回，球賽進行中，一個高爾夫球友回到會所
一陣子。接著回來時，他對一道來的球友說：「你一
定不會相信，今天道瓊上漲了三百點！」

其他聽到的球友紛紛以「你在開玩笑吧！」、
「哇！」、「真是太神奇了！」回應。他們為這個消
息歡欣鼓舞。

那我呢？我一頭霧水。

我以前曾經聽過「道瓊工業平均指數」（Dow
Jones Industrial Average），但是我對它毫無概念，
我知道它跟股市有一點關聯，我還知道，當它上漲，
就是好消息。

除此之外，我一無所知。

我知道這不是我獨有的經驗。很多人都在新聞裡聽過股市每日的表現，然而大多數的我們對於它的任何意義都**毫無所知**。

大多數的人甚至無法回答這些基本問題：

- 什麼是股票？
- 什麼是道瓊工業平均指數？
- 為什麼股市會有漲跌？

實在可惜，因為股市就是史上最大的財富創造機！它幫助了數百萬的普通人打造財富，並且達成自己的財務目標！

此外，大部分的美國人都有錢投在股市中，雖然他們自己沒有發現。數千萬的美國人需要靠著股市上漲，才能資助他們的退休生活、購買房子、支付學費，或是達成其他財務方面的夢想。

只有少數人天生就對股市有興趣，我便是其一。這促使我二十年來，對於掌握到的金融相關資訊，都能透徹地吸收。

我讀過的投資的書籍已經達到數百本，我聽過的

財經Podcast則多達數千個單元，在討論股市重要細節的網路留言板所耗費的時間，更是不計其數。

這股求知慾讓我能回答當我還是新手時，所遇到與股市相關的所有疑問。

然而，在長達數十年的學習期間，我還未找到一本書，能夠真正回答我對於股市**最重要**的疑問：

「為什麼股市會上漲？」

要是不知道這個問題的答案，你就無法信心滿滿地投資。

如果你不了解**為什麼**股市會上漲，你就不會知道**為什麼**股市有時候會崩盤，或是**為什麼**它總是會反彈。

這個缺少的答案就是你手上這本書存在的原因。

本書的使命就是揭開股市的神祕面紗。我的目標就是以淺顯的文字，說明股市的運作方式，使每個人都能信心滿滿地投資。

換句話說，**我真希望**二十年前我開始投資時，就有這本書。

本書使用方法

　　寫這本書的出發點在於要讓每個人，都能盡可能輕鬆地了解股市的重要概念。書中每個章節都各自解答了一個和股市與投資相關的重要問題。

　　本書分為十部分編排，是為了帶領你展開一段發現與認識之旅。我們會不斷提到一個虛構的企業「貝斯特咖啡公司」，作為例子。最好的閱讀方式是按照順序閱讀這些單元。

　　本書書末「常見問題與答覆」，是我這些年來，最常聽到的投資新手問題彙整。你不妨按喜歡的順序讀這部份，或是單純將它當成參考指南。

　　當你讀完本書之後，將它放在你的床頭櫃、書架或是咖啡桌，在你開始投資時，可以隨時回顧複習任何章節。

第 1 章

為什麼我們該關心股票？

　　大多數的人都不太關心股市，這一點都不難理解。

　　股市似乎是隨機漲跌，彷彿與真實世界所發生的一切無關。

　　媒體只會在股市崩盤時才大肆報導，看看它們在 2000 年、2008 年與 2020 年的作為。

　　電影產業也落井下石。《大賣空》（*The Big Short*）、《黑心交易員的告白》（*Margin Call*）、《搶錢大作戰》（*Boiler Room*）與《華爾街之狼》（*The Wolf of Wall Street*），這些賣座電影使股市看起來像一台大型的賭博機器。

　　我聽過人們這麼說：

- 「股市是被操控的。」
- 「華爾街專割散戶韭菜。」

■「股市是有錢人的遊樂場。」

多麼可惜，因為事實是，股市是有史以來最大的財富創造機。

讓我再說一次：**股市是史上最大的財富創造機**。

股市讓數百萬的普通人能夠打造自己的財富，並且達成他們的財務目標！

為了證明這個說法，我們要來看股市是如何幫助普通人達成他們財務目標的例子。

假設一個名為亞倫的虛構人物，他在1981年，也就是401（k）退休福利計畫推行的同一年開始工作。他的起薪是一年26,000美元，剛好低於當時的美國家庭平均收入。

亞倫在金錢方面還算過得去，但稱不上寬裕；他過著月光族的生活，但總是準時付清他的借款。

所幸，亞倫做了一個重大的財務決定。當他開始工作時，他每個月都存400美元到公司的退休福利帳戶，他將那些錢全部投資到跟當時美國股市成長率相同的基金中。

然後他完全忘記他的退休福利帳戶，甚至連看都

不看他的對帳單。

經過了39年的辛勤工作後，他終於看了他退休福利帳戶的結餘。

亞倫的退休福利帳戶有多少錢？3,013,537美元。

亞倫大感震驚！同時也感到疑惑，他怎麼會成為一個百萬富翁？

他很快地算了一下。他每個月存400美元，總額也只有191,600美元，其餘的282萬美元究竟從何而來？

答案正是史上最大的財富製造機：**股市**。

在亞倫工作期間，美國股市以每年大約11％的幅度成長。當這個成長率與他每個月400美元的儲蓄結合在一起，他的**資產投資組合**就以一年快過一年的速度增長——雖然漲幅不一定呈直線發展。

經過第一年後，亞倫總共投資了4,800美元，然而當年股市並沒有太大的變動，所以他的資產大概只有4,823美元。

到了第二年，亞倫投入累計9,600美元，此時正是股

> **資產投資組合**就是投資人所持有的金融資產組合。

市上漲的時期，所以他的資產增加到11,383美元。

又過了三年，亞倫總共投資了24,000美元，股市在過去五年間大幅上漲，這使得他的資產成長到37,594美元。

十年後，亞倫總共投資了48,000美元，股市又漲了一些，所以他的資產來到101,208美元。

事情從這裡開始變得有趣。亞倫目前的資產為101,208美元，並且仍以每年11％的幅度成長，他的投資獲利為他的資產增加的價值，遠高於他每個月400美元的儲蓄所帶來的價值。

股市在1990年代持續上漲，到了他投資的第二個十年後期，亞倫的資產價值為696,839美元。

2000年代初期是股市的艱困時期，2000年與2008年分別發生了兩次經濟大衰退。到了亞倫投資的第三個十年尾聲，他的資產僅小幅成長至793,479美元。

股市的成長率到了2010年代有所提升，到2020年末，亞倫總共投資了191,600美元，但是他的資產投資價值3,013,537美元。（見圖0.1）

你可能會覺得亞倫的成果只是偶然；也許他就是

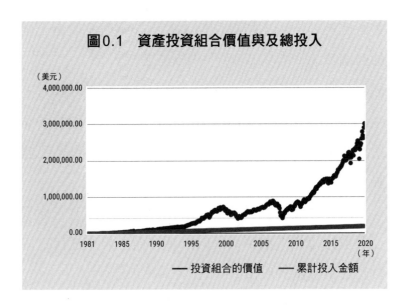

圖0.1 資產投資組合價值與及總投入

（美元）

4,000,000.00	
3,000,000.00	
2,000,000.00	
1,000,000.00	
0.00	

1981　1985　1990　1995　2000　2005　2010　2015　2020
（年）

── 投資組合的價值　── 累計投入金額

運氣好，在股市大好的時候投資而已。

歷史可不是這麼說的。

美國股市每年上漲10％，而且還可以回溯至
1871年。

如果你在1871年的時候在股市只投資1美元，
你現在就會有超過58萬美元。

別忘了，這段時間還包括一次經濟大恐慌、兩次
世界大戰、好幾位元首遇刺、各種疫情、恐怖攻擊與
無數次的經濟衰退。

這就是為什麼股市是史上最大的財富創造機，隨

著時間流逝，股市能讓任何人的小錢轉變成改變人生的財富。

而且，不管你喜不喜歡，**金錢影響我們每個人**。

金錢決定你居住的地方、你吃的食物、你的子女所受的教育、你獲得的健康照護、你擁有的人生體驗，還有更多、更多。

就算你沒有物質慾望，打造財富是所有改善你家庭環境的可行方法中最好的一項。而且沒有任何打造財富的工具優於股市。

如果你還不相信，試想：**就算你沒有察覺，你也可能已經將錢投資在股市裡了**。權威市調公司蓋洛普（Gallup）估計，超過半數以上的美國人目前所擁有的股票，大部分是透過退休投資計畫而來。

如果你身在美國，而且有：

■ 401（k）退休福利帳戶

■ 公立教育機構或非營利組織員工退休福利帳戶 403（b）

■ 國家或地方政府員工退休福利帳戶（457 Plan）

■ 投資帳戶

■ 員工認股計畫

- 理專
- 指數型基金
- IRA 個人退休福利帳戶
- 共同基金
- 退休金
- 羅斯 IRA 個人退休福利帳戶
- 羅斯 401（k）退休福利帳戶
- 扣除薪資簡化雇員退休金帳戶
- 簡化員工退休金帳戶
- 小型企業員工配款退休福利帳戶
- 節約儲蓄帳戶

⋯⋯很有可能你的錢早已經投資在股市裡了。

你擁有如此神奇、創造財富的機器可供你使用，但是你可能還不知道它的運作方式或是該如何運用它。

一旦你了解這些基礎，你將會學到運用股市打造財富的驚人力量。

千萬不要被嚇到了，這些基礎並不複雜，如果你懂五年級的數學，你就會懂股市如何運作，還可以學

到如何將小錢轉變為改變人生的財富。

這就是為什麼你應該關心股市。

PART 1

關於股市的底層知識

在思考股市上漲的原理前,讓我們回到股票的原點:
公司。

從一杯咖啡的故事,穩步理解市場運作的邏輯。

第 2 章

股票，讓你擁有公司的一部份

　　有三個好友，娜塔莉、伊森、蘿倫，決定要合開一家咖啡店。他們把新事業命名為「貝斯特咖啡公司」，並且估計需要 10,000 美元咖啡店才能營運。

　　娜塔莉投資了 6,000 美元，伊森投資了 3,000 美元，蘿倫只投資了 1,000 美元。

- 娜塔莉、伊森、蘿倫各佔了貝斯特咖啡的幾成資金？
- 如果顧客把熱咖啡灑在自己身上，娜塔莉、伊森、蘿倫要如何避免被告？

　　幾個世紀以來，業主都需要處理類似的問題，**股份公司**就應運而生。股份公司讓企業從投資者身上籌募資金變得容易，萬一發生訴訟糾紛或是破產，股份公司也能提供投資人法律上的保障。

公司籌募資金的方法就是賣**股票**。一張股票代表一家公司的部分所有權，股票持有人稱作「股東」。股東擁有公司部份比例的資產（公司擁有的一切）與獲利的所有權，股東同時也可以投票決定公司的營運方向。

股份公司是一個與公司經營者切割的法律實體。股份公司是由股東擁有，股東對於公司的資產與獲利有合法請求權，但是不必為公司的債務或行為負責。

股票是一種金融證券，代表擁有股份公司部分的所有權。

娜塔莉、伊森、蘿倫決定要將貝斯特咖啡店公司化。他們決定以1股1美元的價格出售新事業的股票。

	娜塔莉	伊森	蘿倫	總數
初始投資成本（美元）	6,000	3,000	1,000	10,000
持有股份	6,000	3,000	1,000	10,000

股票讓投資者可以很快知道自己持有公司多少股份，只要將自己持有的股數除以總股數就可以了。

例如，娜塔莉的資金佔了創業基金的六成，擁有這家公司60％的股份，如果這家公司有1萬股，那她就擁有6,000股。

	娜塔莉	伊森	蘿倫
持有股數	6,000	3,000	1,000
貝斯特咖啡總股數	10,000	10,000	10,000
持股比例	60%	30%	10%

持股比例以圓餅圖呈現如圖1.1。

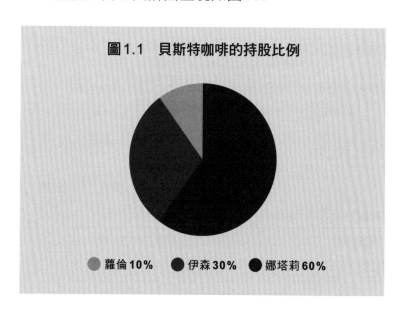

圖1.1 貝斯特咖啡的持股比例

● 蘿倫 10%　● 伊森 30%　● 娜塔莉 60%

這就是股票最早出現的原因之一。股票幫助投資人了解自己擁有公司多少股份。

第 3 章

當公司獲利，
股票價值就誕生

讓我們沿用上一章的例子。假設貝斯特咖啡營運良好，第一年就有 5,000 美元的獲利。

娜塔莉、伊森、蘿倫決定將這 5,000 美元的獲利分給他們自己，以公司的說法，這就是發放股利（也稱為**股息**）。

當一家公司將它的部分獲利（又稱為「盈餘」或「淨利」）發放給股東，就是股利。

這 5,000 元該如何分給娜塔莉、伊森和蘿倫呢？讓我們將股利的總金額除以全部的股份就知道了。

> **股利**就是公司將部分獲利發放給股東。

	5,000 美元	←	股利總金額		
	10,000	←	全部股份	=	0.50 美元／每股

接著，我們將每股的股利乘上每位股東所擁有的股份。

娜塔莉可以分得3,000美元，伊森可以得到1,500美元，蘿倫則會分得500美元。

	娜塔莉	伊森	蘿倫	總數
持有股份	6,000	3,000	1,000	10,000
每股股利（美元）	0.50	0.50	0.50	0.50
總支出（美元）	3,000	1,500	500	5000

你也想要擁有貝斯特咖啡的股份嗎？

你應該要擁有的！這是一個很成功的企業，在短短一年內就能給每個投資人每股0.50美元的股利，這對身為股東的你是非常有價值的。

如果貝斯特咖啡第二年再度創造5,000美元的獲利呢？如果第三年能有10,000美元的獲利呢？

你願不願意付錢買下娜塔莉、伊森、蘿倫的部份股票？如果你願意，那股票就有價值。

這就是為什麼股票有價值。當你擁有股票，你就擁有合法請求這家公司部份資產與獲利的權利。如果這家公司賺了錢，這些錢就是屬於股東的。

　　重要的是，公司的獲利不一定都當作股利發放給股東。通常公司的經營團隊會將獲利留在公司內部，用來購買設備、清償債務、聘雇員工或是其他用途。

　　無論如何，公司決定如何運用它的獲利，但這些獲利依然是屬於股東的。

　　這就是為什麼股票有價值。

第 4 章

股市，實現供需法則的場所

讓我們繼續使用貝斯特咖啡的例子。其中一位股東蘿倫需要錢，因此決定出售她在貝斯特咖啡的股份。然而，娜塔莉和伊森都沒有意願買下她的股份。

蘿倫必須要找到另一個對她的股份有興趣的投資人。她能怎麼做呢？這是好幾世紀以來的股東們都面臨的相同問題。

1792年，一個來自紐約市的投資人團體解決了這個問題。這個團體在一條名為華爾街的路上買賣或「交換」彼此擁有的企業股票。

這就是**股市**。股市是一個企業與投資人能彼此交流，且能買賣股票的地方。它有點像農夫市集，但不是用錢換食物，而是用錢換企業的股票。

> 一個讓企業與投資人可以買賣股票，上市公司可以發行股份的地方，這就是**股市**。

這個在紐約交換股票的投資人團體隨著時間的增長而日益茁壯，至今仍屹立不搖，它就是「紐約證券交易所」（NYSE），全世界最大的股票市場。

　　許多股市自此在世界各地出現，大規模的股市包括香港證券交易所、上海證券交易所、東京證券交易所、倫敦證券交易所，以及納斯達克證券交易所。我們會在第7章詳談。

第 5 章

道瓊指數：
歷史悠久的藍籌股指標

1896年，查爾斯・道（Charles Dow）在《華爾街日報》擔任編輯。

道有個困擾。他的報紙每天都要報導股價，但是他找不到一個簡單的方法，為他的讀者扼要地回顧每日的股市漲跌。

道向他的商業伙伴愛德華・瓊斯（Edward Jones）求助。這兩個人一起想出了解決之道。

道和瓊斯將當時最大，也是最熱門的十二家上市公司股價全部加總在一起，然後再除以12，得出的結果就被當成當天股市走勢的指標來報導。

道和瓊斯將他們的發明命名為道瓊工業平均指數，通常也被稱為「道瓊」（Dow Jones）或者就只是「道」（Dow）。這個名稱從被創造出來的那天起，

每個交易日大眾都會聽見它。
道瓊工業平均指數就是我們
所熟知的**股市指數**。指數就
是將一組股票集合在一起，

來看股市整體表現是上漲還是下跌，是一種追蹤股市
表現的方法。

　　商業世界自1896年起就有了很大的變化，所以
道瓊工業平均指數也做了調整來因應。道瓊工業平均
指數將追蹤的公司數量擴增至30家，不再只是12
家。每隔幾年，在道瓊工業平均指數中表現衰退的企
業會被剔除，由業績持續成長的企業取代。這項措施
幫助確保當時所有最大，而且也最成功的企業能夠被
納入道瓊工業平均指數中。2021年，道瓊工業平均
指數納入了**蘋果**（NASDAQ: AAPL）、**迪士尼**
（NYSE: DIS），以及**家得寶**（Home Depot，NYSE:
HD）等企業。

　　1896年5月26日，道瓊工業平均指數原始12家
企業的平均股價為 40.94 美元，道瓊工業平均指數從
此就以每年大約10％的幅度成長。

這聽起來可能不算什麼，但是那些收益加總起來，創造出極大的成長。（見圖1.2）

道瓊工業平均指數已經是世界上最知名的股市指數之一，然而也有評論指出道瓊工業平均指數的兩大缺失。

第一，道瓊工業平均指數只追蹤30家公司，這在美國六千家上市公司僅占了極小比例而已。

第二，道瓊工業平均指數是以每股的價格計算，卻忽略了每個企業的規模。這代表一張每股100美元的股票在道瓊工業平均指數上的影響力，會是一張每股10美元的股票的十倍之多。

這就是道瓊工業平均指數又稱為**價格加權指數**

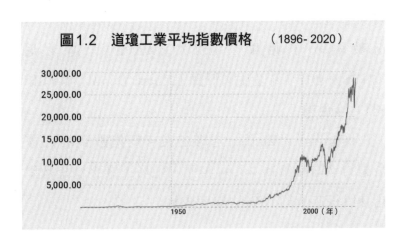

圖1.2　道瓊工業平均指數價格　（1896 - 2020）

（A price-weighted index）的原因，它們重視的是每一張股票的價格，而非每一個企業的規模。

> **價格加權指數**是一種以股票每股目前價格來衡量的股市指數。意思是，高股價的股票價值變化對價格加權指數有較大的影響。

想知道為什麼有些投資人認為這是一個問題，我們從 2020 年 10 月道瓊工業平均指數挑出**麥當勞**（NYSE:MCD）、**英特爾**（NASDAQ:INTC），回顧這兩家企業的股價：

2020 年 10 月	麥當勞	英特爾
股價	228	54
企業規模	170,000,000	222,000,000

（美元）

麥當勞的企業規模比英特爾少了 52 億美元，但是它的股價卻大約是英特爾的四倍。這表示雖然英特爾是更大的公司，但在道瓊工業平均指數中，麥當勞股票的價格走勢，比英特爾的股價走勢多了四倍的影響力！

基於上述原因，在追蹤美國股市的整體走勢上，很多專業的投資人並不認為道瓊工業平均指數是個好指標。

第 6 章

標普 500 指數：
定期更新的大型股指標

1923年，標準統計公司（Standard Statistics Company）創立一個新的股市指數，目的是要與當時廣受投資人喜愛的道瓊工業平均指數抗衡。為了凸顯不同，標準統計公司採計了233家公司的資料，而不像道瓊工業平均指數採用30家。

數年後，標準統計公司與普爾出版公司（Poor's Publishing）合併為「標準普爾公司」（Standard & Poor's Company, S&P）。1957年，標準普爾公司在它們創立的股市指數上做了些改變，以便在與道瓊工業平均指數抗衡上有更多的優勢。

首先，標準普爾將追蹤的公司數量，由233家擴增到500家。

> **市值**是指公司股票在市場上的總價值。它的計算方式是將公司的流通股總數乘以當前的股價。

此外，標準普爾讓大型企業在指數走勢上擁有比小公司更大的影響力。標準普爾採用**市值**，也就是公司在市場上流通股票的總價值來評斷企業的規模，這就是**市值加權指數**。

1957年3月4日，「標準普爾500指數」正式推出。

每年，標準普爾500指數會將一些體質虛弱的公司移除，改以體質強健的公司遞補，此舉有助於確保當時最大也最成功的企業，都能被納入標準普爾500指數中。如此穩定地每年更替，使得現今的標準普爾500指數，與六十年前相比，有著截然不同的樣貌。

2021年，大型企業如：**蘋果**（NASDAQ:AAPL）、**微軟**（NASDAQ:MSFT）、**亞馬遜**（NASDAQ:AMZN）所擁有的市值已超過1兆美元，這也使得這些企業在股市指數的影響力遠高過如**漢佰公司**（Hanesbrands, NYSE:HBI）與**Under Armour**

> **市值加權指數**是指股市裡的每一檔股票都是以它目前的公司市值來衡量。這代表較大型的公司對指數影響力比較小型的公司來得大。

（NYSE;UA），這類市值未達到百億美元的較小型企業。這就是許多投資人喜歡標準普爾500指數這種市值加權指數的原因。

圖1.3顯示2020年12月31日，標準普爾500成分股的相對規模（市值大小）。注意看亞馬遜（AMZN）、Google（GOOGL）與特斯拉（TSLA）在圖中所佔的範圍遠比市值較小的企業大得多。

自創立以來，標準普爾500指數每年以10％的幅度成長，這使得它的價值在過去60年間有顯著的增加。（見圖1.4）

圖1.3　標準普爾500成分股的市值規模

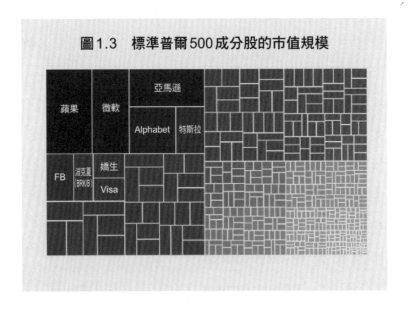

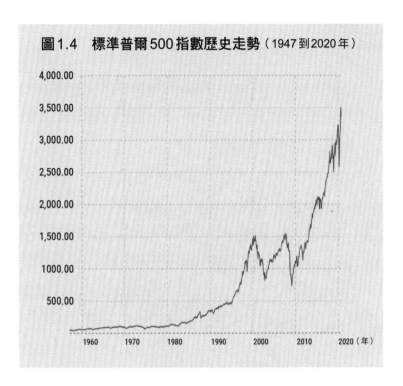

圖1.4 標準普爾500指數歷史走勢（1947到2020年）

標準普爾500指數越來越受到投資人的喜愛。如今，許多投資人相信，在追蹤美國股市整體走勢上，標準普爾500指數要比道瓊工業平均指數好太多了。

72法則

　　一個用來快速算出你投入的資產多久可以翻倍的法則。只要用72除以年利率，所得到的數字就是將你的錢翻倍所需要的時間。

　　例如，你的投資有10％的年化報酬率，那麼，讓你的錢翻倍大概需要7.2年（72／10=7.2）；如果你得到的年化報酬率是8％，那麼你要花9年才能讓你的錢翻倍（72／8=9）。

　　72法則並非絕對的精確，但它卻是一個能夠快速估算的簡單方式。

第7章

納斯達克指數：
源於電腦化交易的指標

　　電腦在1950年代與1960年代變得更為先進，到了1970年初期，在華爾街工作的人開始嘗試使用電腦，看看是否能利用電腦使股市交易更為順暢。

　　當時沒有任何好的方法，能讓所有的投資人在同一時間獲得股票價格資訊——或者說股票「報價」，這使得股票交易極為沒有效率，而且昂貴。

　　負責監督股票交易活動的「全美證券交易商協會」（The National Association of Securities Dealer, NASD），認為電腦可以解決這個問題。

　　全美證券交易商協會在1971年創造了一個新形態的證券交易所。這個交易所讓投資人能利用已經連通買賣雙方的電腦進行股票交易。他們稱這個新的股票市場為「全美證券交易商協會自動報價系統」（The

National Association of Securities Dealer Automated Quotations），或納斯達克（NASDAQ）。（編按：臺灣自1993年8月，上市股票全面採用電腦全自動交易系統。）

納斯達克證券交易所擁有許多其他交易所沒有的優勢。既然所有的買賣都是透過電腦進行，就不需要實體的交易大廳，所有的投資人也可以在同一時間看到精確的股價。

這些優勢說服了許多公司選擇讓自家股票在納斯達克證券交易所掛牌上市，而非紐約證券交易所，其中包括了許多知名的科技公司，例如：**英特爾**（NASDAQ:INTC）、**微軟**（NASDAQ:MSFT）、Adobe（NASDAQ:ADBE）。

創造納斯達克證券交易所的同一群人，同時也創造了可以追蹤所有在交易所掛牌上市公司的價格走勢指數，他們稱這個指數為**納斯達克綜合指數**。目前有超過3,200家公司加入納斯達克綜合指數。

和標準普爾500指數一樣，納斯達克綜合指數是一種市值加權指數，這代表比較大型的公司在納斯達克指數的走勢上，比小型的公司更有影響力。漸漸

地，許多證券交易所也開始提供電子交易。事情到這裡可能會開始令人有點困惑。「納斯達克」這個

> **納斯達克綜合指數**是一種可以追蹤所有在納斯達克交易所掛牌上市的公司價格走勢指數。

名詞，通常被用來當成「納斯達克證券交易所」或是「納斯達克綜合指數」的簡稱。

　　然而，你在新聞中聽到的「納斯達克」，所指的通常都是「納斯達克綜合指數」。

Part 1　重點看這裡

■ 股票代表一家公司的部分所有權。

■ 股票有價值，是因為股票持有人擁有該公司一部分資產與獲利的法定要求權。

■ 股市是一個讓企業與投資人可以彼此交流，買賣股票的地方。

■ 證券交易所是股票可以掛牌上市，讓投資大眾可以買賣股票的地方。世界前兩大證券交易所分別是：紐約證券交易所和納斯達克證券交易所。

■ 股市指數是指一組被用來追蹤股市整體表現的股票價格數據。美國三大熱門股市指數分別是：道瓊工業平均指數、標準普爾500指數、納斯達克綜合指數。

	道瓊工業平均指數	標準普爾500指數	納斯達克綜合指數
創立時間	1896年	1957年	1971年
按建構方式區分成	價格加權指數	市值加權指數	市值加權指數
企業家數	30	500	＞3200

PART 2

公司上市，
讓任何人都能投資

股票的發行與交易，如何為公司與投資人帶來好處？

本章將告訴你，投資與回報的市場遊戲規則。

第 8 章

當公司需要資金

讓我們回到貝斯特咖啡的例子。

娜塔莉、伊森、蘿倫認為，他們可以藉著拓展新的分店提升貝斯特咖啡的獲利，因此他們決定要拓展10家分店。打造一家分店需要1萬美元，所以他們需要10萬美元的資金。

他們要如何籌措這10萬美元？

第一個選項是貸款。貝斯特咖啡可向銀行貸10萬美元，然而這個選項並不理想，因為借款必須在預先設定的日期連本帶利償還給銀行。

如果這些新分店的獲利不如第一家店，那怎麼辦？如果這些新分店要實現盈利，需要等到很久以後呢？這些問題使得擔負債務充滿風險。

第二個選項是尋找新的投資人。貝斯特咖啡可以增發新的股票股份，將它們出售給新的投資人來籌募

10萬美元。

出售新股票的優點是不用償還這些錢；缺點則是會有更多的投資人來稀釋公司的獲利。

假設娜塔莉、伊森、蘿倫決定讓貝斯特咖啡上市來籌募這10萬美元。他們聘僱的投資銀行家建議，只要投資大眾願意買1萬股每股10美元的股票，他們就能籌得他們想要的10萬美元。

娜塔莉、伊森、蘿倫同意這些條件並且讓貝斯特咖啡上市。

上市之前，娜塔莉持有60%、伊森持有30%、蘿倫持有10%的股份。

	娜塔莉	伊森	蘿倫	總數
持有股數	6,000	3,000	1,000	10,000
持股比例	60%	30%	10%	100%

貝斯特咖啡增發了10,000股新股份出售給投資大眾。之後，娜塔莉仍然持有6,000股，但是她的持股比例減少至30%；伊森仍然持有3,000股，但是他的持股比例減少至15%；蘿倫仍然持有1,000股，但是她的持股比例減少至只剩5%。

	娜塔莉	伊森	蘿倫	投資大眾	總數
持有股數	6,000	3,000	1,000	10,000	20,000
持股比例	30%	15%	5%	50%	100%

貝斯特咖啡得到了拓展新的分店所需要的10萬美元資金，這就是公司上市的主要原因：籌措資金。

這筆錢可以用來聘僱員工、購買設備、清償債務，或是其他各種用途。

公司上市的缺點就是：原股東再也無法擁有100%的公司股份。在這個例子中，公司上市後，娜塔莉、伊森、蘿倫只持有貝斯特咖啡一半的股份，這是**稀釋效應**所造成的。（見圖2.1下圖）

這就是1992年**星巴克**（NASDAQ：SBUX）上市時所發生的狀況。當時，星巴克有140家分店，但是它的經營團隊想在兩年內增加兩倍的分店數。為了要籌到展店資金，星巴克增發新股並出售給投資大眾，這就是所謂**首次公開發行**（IPO）。

星巴克發行147萬股新股，並且以每股17美元出售，這為他們籌得了2,500萬美元。首次公開發行之後，星巴克原有股東

> **稀釋效應**是指一家公司增發新股，因而降低原有股東的持股比例。

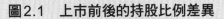

圖2.1　上市前後的持股比例差異

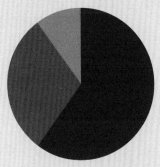

● 蘿倫 10%　● 伊森 30%　● 娜塔莉 60%

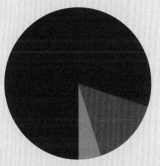

● 蘿倫 5%　● 伊森 15%　● 娜塔莉 30%　● 投資大眾 50%

的持股比例被稀釋了 12%。（見圖2.2下方）星巴克的股東對於這次的持股比例稀釋沒有意見，因為他們相信星巴

> **首次公開發行**是指私人公司想要出售新股給投資大眾。這些股票會在紐約證券交易所，或是納斯達克證券交易所等公開的證券交易所交易。

克從首次公開發行所獲得的資金，能夠幫助公司拓展新分店，並且迅速擴張，也會逐漸增加星巴克的價值，帶給投資人高回報。換句話說，稀釋效應所帶來的負面影響，長期來看似乎值得。

也有其他原因會讓公司選擇上市。

有時候，公司的所有人想要賣掉自己的股票，讓公司上市就是一個辦法。

有時候公司上市只是為了要增加自己的能見度。當一家公司上市時，總是會引來許多媒體的關注，這份關注度能幫助公司吸引新客戶。

無論如何，公司上市主要是因為他們要籌募資金。

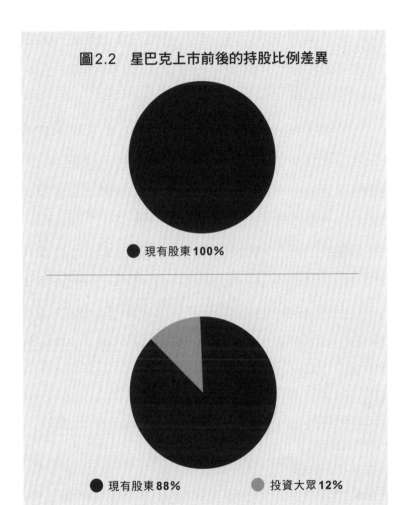

圖2.2 星巴克上市前後的持股比例差異

● 現有股東100%

● 現有股東88%　　　● 投資大眾12%

企業想發行多少股就發行多少股

一家企業在外流通股數的總數基本上是個任意的數字，隨時都可以修改。在外流通的股數與單一股的價格，無法說明一家公司的規模與重要性。

來看看NVR（NYSE:NVR）這一家美國的建設公司，截至2020年12月31日，其市值為151億美元，在外流通的股數為396萬5千股，這也就是為什麼當時它的一股價值4,079美元0.86美元。

相較之下，衛星廣播巨擘**天狼星XM控股公司**（Sirius XM Holdings, NYSE:SIRI），截至2020年12月31日市值為265億美元，這等於比NVR的市值多了100億美元，然而由於天狼星有45億7千萬股的流通股，所以同一天它的股價只有6.37美元！

2020年12月31日	NVR	天狼星XM控股公司
市值（美元）	151億	265億
在外流通股數	396萬5千股	45億7千萬股
股價（美元）	4,079.86	6.37美元

第9章

股票交易會讓公司獲利嗎？

在我們的例子中，貝斯特咖啡選擇讓公司上市來向人們籌募10萬美元，於是發行了1萬股新股出售給投資大眾。

圖2.3　首次公開發行

新股在發行與出售之後，就不再屬於貝斯特咖啡這間公司，而屬於在證券交易所購買這些新股的投資人。

擁有這些股票的投資大眾，可以選擇持有這些股票或是賣掉它們。如果股票以較高價格賣出，造成的

價差獲利是屬於出售股票的投資人，而不會是貝斯特咖啡公司。（見圖2.4）

圖2.4　首次公開發行之後

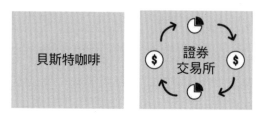

第 10 章

投資人的賺錢原理

投資人購買公司的股票只有一個原因：賺錢。同時，投資者有兩個方法可以透過持有股票來賺錢。

第一個方法就是先買入股票，然後再以較高的價錢賣出，當股票的價值隨著時間而增加（這是可能發生的），就叫做**增值**。

回到以貝斯特咖啡的例子。在貝斯特咖啡首次公開發行的時候，艾莉森以一股 10 美元的價格買進了股票；而那時布萊德沒有買，但是現在他想要成為股

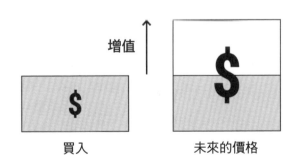

東，他願意以每股15美元的價格購入股票。艾莉森以每股15美元的價格將股票出售給布萊德。

艾莉森以10美元的價格購入股票，然後以15美元賣出，即投資了10美元，賺了5美元，報酬率為50%。這就是透過**資本利得**賺錢。

投資人可以透過持有股票賺錢的第二個方法就是：股利。我們在第3章提過，現金股利就是公司選擇以現金的形式，將部分獲利發放給投資人。並非所有的公司都會發放現金股利（又稱「配息」）給投資人。不發放現金股利的公司，所選擇的方式稱為：**股票股利**（又稱「配股」）。

舉例來說，貝斯特咖啡今年表現亮眼，公司盈餘為2萬美元，並且決定將這筆

一項資產（像是股票）的價值隨著時間推移增加，就是**增值**。
當一項資產以高於其買進時的價格出售，就產生了**資本利得**。

錢以「現金」全數配發給股
東。

這筆2萬美元的盈餘,每
個股東能分得多少?

將全部的股利除以總股數,就能得出答案。

$$\frac{20{,}000\ 美元}{20{,}000} \quad \begin{matrix} \leftarrow & 全部的股利 \\ \leftarrow & 總股數 \end{matrix} \quad = \quad 每股1美元$$

接著,我們將得出的結果乘以每個股東所持有的
股數。

	娜塔莉	伊森	蘿倫	投資大眾	總數
持有股份	6,000	3,000	1,000	10,000	20,000
每股股利 （美元）	1	1	1	1	1
支付金額 （美元）	6,000	3,000	1,000	10,000	20,000

某些情況下,投資人可以從持有的股票中,同時
獲得資本利得與股利。

Part 2　重點看這裡

- 公司上市的主要原因，是為了藉著出售新股，募集投資人的資金。
- 上市也是讓原股東將持有的股票變現的一種簡單方式。其他時候，公司上市只是為了增加公司的能見度。
- 大多數公司會透過首次公開發行上市。
- 只有發行新股並出售給投資人，公司才能透過出售股票中獲得資金。
- 發行新股的不利因素是，會讓原股東的權益被稀釋。
- 投資人出售股票所得到的錢，是來自於價差，而不是來自企業本身。
- 投資人購買股票是因為想要賺錢。
- 股票投資人的獲利來自於增值，或公司所配發的股利。
- 增值就是股票隨著時間推移而升值。
- 有些公司會以股利的形式將部分盈餘發放給投資人。

PART 3

公司估值誰說了算？

人人都說「買點」很重要，但價格是如何算出來的？

公司的價值又如何影響股價？

以下三堂課，帶你找出未來能賺錢的好公司。

第11章

你願意花多少錢？
判斷企業價值的兩個因素

假設貝斯特咖啡每年獲利正好是2萬美元，等同一年每股有1美元的收益，即每股盈餘（earnings per share，簡稱EPS）為1美元。

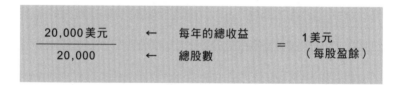

我們同樣假設公司的盈餘維持不變，年復一年，貝斯特咖啡每年有不多不少的2萬美元獲利。

下表是往後十年間貝斯特咖啡的財務狀況：

貝斯特咖啡				
年度	1	2	3	4	5
店數	1	1	1	1	1
每年收益（美元）	20,000	20,000	20,000	20,000	20,000
總流通股數	20,000	20,000	20,000	20,000	20,000
每股收益（美元）	1.00	1.00	1.00	1.00	1.00

年度	6	7	8	9	10+
店數	1	1	1	1	1
每年收益（美元）	20,000	20,000	20,000	20,000	20,000
總流通股數	20,000	20,000	20,000	20,000	20,000
每股收益（美元）	1.00	1.00	1.00	1.00	1.00

你願意花多少錢買入 1 股貝斯特咖啡？假設你只願意花 2 美元，並且有位貝斯特咖啡的股東也同意以此價格出售給你。你的投資報率是多少？換句話說，你所投資的 2 美元的年化報酬率是多少？

將每股收益除以你 1 股的購買價，就能得知。

$$\frac{1\text{美元}}{2\text{美元}} \quad \begin{matrix}\leftarrow\\ \leftarrow\end{matrix} \quad \begin{matrix}\text{一年每股盈餘}\\ \text{每股購買價}\end{matrix} \quad = \quad 50\%$$

一年50％的投資報酬率真的非常、非常高！你想要把錢投資在每年有50％報酬率的貝斯特咖啡，還是存進年利率只有1％的銀行？

這表示每2美元對於買方而言，是非常好的價格。然而對賣方而言，一定非常可怕。

讓我們來看另一個極端的例子。假設你是如此渴望擁有貝斯特咖啡的股票，而且願意以每股1,000美元購買，有一名股東同意了這個價格，並且賣給你。

現在你的投資報酬率是多少？

$$\frac{1\text{美元}}{1{,}000\text{ 美元}} \quad \begin{matrix}\leftarrow\\ \leftarrow\end{matrix} \quad \begin{matrix}\text{一年每股盈餘}\\ \text{每股購買價}\end{matrix} \quad = \quad 0.1\%$$

每股的投資報酬率只有0.1％，你何必還費心買進貝斯特咖啡？存銀行的報酬率還高出十倍。

這表示每股1,000美元，對買方而言極不合理，但對賣方而言棒透了。所以，每股2美元的價格太

低，而每股1,000美元的價格太高。那麼每股10美元如何？

下面是這個購買價格的投資報酬率：

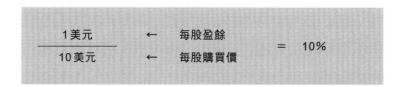

$$\frac{1美元 \leftarrow 每股盈餘}{10美元 \leftarrow 每股購買價} = 10\%$$

10％的報酬率對於買、賣雙方而言都合理得多。買方的報酬率擁有比銀行存款利率更高的回報率，賣方也能在股價上得到一個合理的價格。

以上經過簡化的情境能簡單說明股票的估值方式。股價由買賣雙方取得的平衡而定。買方希望股價能盡可能的低，日後才能得到高報酬。賣方希望股價能盡可能的高，這樣才能從投資中獲取最高的獲利。

投資人判斷企業的價值是大都基於兩個主要因素：

1. 預估公司的獲利未來能成長多少？

2. 投資人今天願意付多少購買上述盈餘？

第12章

本益比越低越好？

在第11章，我們同意每股10美元對貝斯特咖啡來說是合理價，這讓買方的投資每年有10%的報酬率。

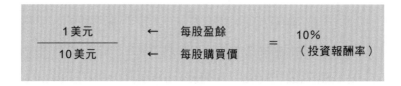

也可以這麼說，買賣雙方一致認同貝斯特咖啡每股1美元的盈餘，相當於10美元的市場價值。

投資人用以說明這個情形的專有名詞，就是**本益比**（price-to-earnings，簡稱PER）。以貝斯特咖啡為例計算如下：

> **本益比**就是每股市價除以每股盈餘。

$$\frac{10\text{美元}}{1\text{美元}} \quad \begin{array}{l} \leftarrow \quad \text{每股市價} \\ \leftarrow \quad \text{每股盈餘} \end{array} \quad = \quad 10\text{倍（本益比）}$$

投資人會說貝斯特咖啡目前的估值是「每股盈餘的10倍」，這是因為目前的本益比是10倍。

本益比是投資人用以推估公司目前價值的常用指標之一。

本益比越低，就能以越低的價錢購得公司的股票；本益比越高，購買公司股票的價錢就會越高。

本益比讓投資人更容易在多個機會中做權衡。

舉例來說，如果貝斯特咖啡的本益比是10倍，而星巴克的本益比是20倍，你可以說貝斯特咖啡是更有投資吸引力的投資標的（所有其他條件相同的情況下），因為其本益比遠低於星巴克的。

把一家公司與一組股票（例如：標準普爾500指數）比較也很有用。

如果貝斯特咖啡的本益比是10倍，而標準普爾500指數中所有公司的平均本益比是20倍，那麼你就可以說，比起標準普爾500指數裡的公司，貝斯特咖

啡平均而言是個更值得投資的標的。

在此強調，投資人評估一家公司有很多種方法，本益比只是最基本也最為廣泛使用的方法之一。本益比對於評估所有股票的價值並非總是有用，有許多公司的本益比根本沒有作用。

比方說，如果一家公司快速成長卻沒有任何盈餘，那本益比就幫不上忙；如果一家公司屬於五年內有消失風險的產業，那麼本益比一樣派不上用場。

大致而論，對投資人而言本益比仍是很有用的數字。

第13章

越有價值的公司，股價越高？

在第11章，我們假設貝斯特咖啡每年有2萬美元的獲利（或盈餘），這等於每股有1.00美元的盈餘。

我們在那一章設定好，對於買賣雙方都公平的本益比是10倍。這表示到了第十年，這家業績沒有成長的貝斯特咖啡，股價會來到每股10美元。

但還記得嗎，貝斯特咖啡上市原本是為了開十家新分店。

在本章，我們假設貝斯特咖啡每年開一家新分店，也假設每家新分店每年都能有2萬美元的獲利。

下面是貝斯特咖啡未來十年的財務狀況：

每年開一家新分店， 每家新分店每年都有2萬美元的獲利				
年度	1	2	3	4	5
店數	1	2	3	4	5
每年收益 （美元）	20,000	40,000	60,000	80,000	100,000
總流通股數	20,000	20,000	20,000	20,000	20,000
每股盈餘 （美元）	1.00	2.00	3.00	4.00	5.00

年度	6	7	8	9	10+
店數	6	7	8	9	10
每年收益 （美元）	120,000	140,000	160,000	180,000	200,000
總流通股數	20,000	20,000	20,000	20,000	20,000
每股盈餘 （美元）	6.00	7.00	8.00	9.00	10.00

若這個版本的貝斯特其本益比固定為10倍，這家公司第十年的股價是多少？試算一下：

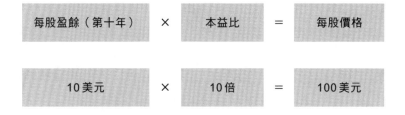

| 每股盈餘（第十年） | × | 本益比 | = | 每股價格 |

| 10美元 | × | 10倍 | = | 100美元 |

　　這樣來看你更樂意持有以下哪一家的股票，A公司還是B公司？

　　A. 業績未成長，獲利也就維持不變

　　B. 業績蒸蒸日上、獲利連年增加

　　無疑是後者！為什麼？只有當買進業績增長的公司股票，投資人才會得到高出許多的投資報酬率。

　　這裡有個比較難的問題，若前述的A公司本益比為10倍，那麼B公司的本益比應是多少？

　　你願意在第一年，用**高於**每股盈餘的10倍價碼買入這家業績上揚的公司嗎？你當然會願意！即便是投資高本益比的股票，只要它業績持續成長就會讓你的報酬率更高。這是因為業績成長的公司有能力跟他們的股東分享日益增加的獲利。

　　這也代表投資人應該要願意接受更高的本益比在業績有所成長的公司上，而不是業績持平的公司。

Part 3　重點看這裡

- 股價取決於兩個因素，一是由公司未來獲利的推估，以及投資人現在願意付多少錢這些獲利。
- 買方希望股價能盡可能的低，這樣他們才能得到高報酬率；賣方則希望股價能盡可能的高。
- 股票市價除以每股盈餘得出本益比。
- 成長中的公司比未成長的公司更有價值。

股價為什麼有漲跌

股市是人性的總合。利多或利空消息影響了投資人的
信心，進而影響股價。

比起怎麼看，先問怎麼算。

震盪的幅度難以預測，而本章將告訴你形塑價格波動
的法則。

第14章

本益比浮動的原因

在第12章我們假設，對業績未成長、同時每年獲利20,000美元的貝斯特咖啡來說，其本益比為10倍是合理的。

事實上，本益比並不是個固定的數字，它無時無刻在變動，大多時候僅小幅變化，但也有大幅改變的時候。

試著從以下兩個虛構事件來搞懂，為什麼本益比可能會變動。

劇本一：星巴克宣布將在貝斯特咖啡各個分店區域開店。

這項宣布對貝斯特咖啡而言可能是壞消息。有些消費者會選擇到星巴克買咖啡，而不是到貝斯特咖啡，這會大大降低貝斯特咖啡每年獲利2萬美元的可

能性。

正當你要買進貝斯特咖啡的股票，星巴克剛好發布了這個消息，你仍願意用貝斯特每股盈餘的10倍的價格，買進它的股票嗎？可能不會。這個消息會降低你對於貝斯特咖啡每年能有2萬美元獲利的信心，要求一個較低的本益比來彌補風險也有其道理。

你會要求本益比降低多少？假設你現在只願意付出每股盈餘的5倍價錢，也就是本益比為5倍。這樣一來，貝斯特咖啡的股價將會只剩一半。

	貝斯特 咖啡公司		貝斯特 咖啡公司
本益比（倍）	10		5
每股盈餘（美元）	1.00	星巴克發布消息	1.00
每股市價（美元）	10.00	⟶	5.00

只要投資盈餘的5倍，買方就可以賺回20％的報酬，這個投報率高到足以抵銷額外的風險。

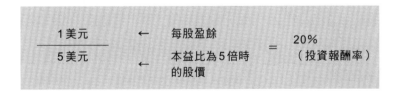

普遍來說，當市場出現壞消息，買方購買股票的意願會降低，並要求比較低的本益比，而這會導致股價下跌。

現在讓我們來看看出現好消息時，會是什麼狀況。

劇本二：貝斯特咖啡宣布要販售甜甜圈。

很少有人不愛甜甜圈配咖啡。這個公告對貝斯特的投資者來說，是超讚的好消息。開賣甜甜圈使得貝斯特更高機率實現每年20,000美元的獲利，甚至還代表公司的獲利會成長。

如果你有機會購買貝斯特咖啡的股票，你願意在本益比為10倍時買進？回答很可能是肯定的。

買方願意多付出多少錢呢？假設你為這個消息心跳不已，並願意在本益比為20倍的現在買進股票。

這樣一來，貝斯特咖啡的股價就會翻倍！

	貝斯特 咖啡公司		貝斯特 咖啡公司
本益比（倍）	10		20
每股盈餘（美元）	1.00	宣布販售甜甜圈	1.00
每股股價（美元）	10.00	⟶	20.00

用每股盈餘的20倍價碼買進，現在買方較可能接受投報率為5％的結果。

$$\frac{1\text{美元}}{20\text{美元}} \quad \begin{array}{l} \leftarrow \quad \text{每股盈餘} \\ \\ \leftarrow \quad \text{本益比為20倍} \\ \quad \text{的股價} \end{array} \quad = \quad \begin{array}{l} 5\% \\ （\text{投資報酬率}） \end{array}$$

然而，現在的貝斯特咖啡日後獲利十分看好，且若是實現，股價會隨著時間推移增長。這個潛在的漲幅，會讓買方願意在本益比偏高時，用較高的價格買入。

普遍來說，當市場出現好消息時，買方會更急切地想購買股票，他們願意接受更高的本益比，這也連帶使得股價上漲。

重要的是，在這兩個虛設的案例中，貝斯特每年獲利20,000美元（或是每股盈餘為1美元）這點不變。

然而，隨著消息而來的，就是**買方和賣方**對於貝斯特咖啡未來獲利**看法的改變**，這時本益比還有股價就用上漲、下跌作為回應。

第 15 章

股價波動的條件

在上一章，我們看到了壞消息如何導致一家公司股價下跌，也看到好消息如何使公司的股價上漲。

那麼沒有任何消息時呢？股票大都只會有微幅的漲跌。為什麼？

有時候，投資人們對一家公司的前景會樂觀看待，而願意投資於這個本益比稍高的個股，股價就會因此些微上漲。

也有時候，投資人們會對公司未來的發展看法不樂觀，因此寧可在本益比相對低時買入，連帶股價略微下跌。

先回到2020年11月12日星期四，看**星巴克**（NASDAQ：SBUX）發生了什麼事。當天星巴克並沒有發布任何消息。

星巴克的開盤價是94.66美元，盤中股價下跌，

一度跌至92.66美元，收在93.54美元。

這個輕微跌幅代表，投資人在收盤時對星巴克的預測比開盤時悲觀，這反映到股價上。

重要的是，**沒有任何消息可解釋這個狀況**。基於某些原因，在2020年11月12日這天，星巴克的投資人對公司未來較沒信心，並以股價下跌作為回應。

第二天，發生完全相反的狀況。

2020年11月13日星期五，星巴克沒有發布消息。它的開盤價是94.38美元，比前一天收盤價高出一點；盤中上漲一度來到95.59美元，最後收在95.30美元。

這段增幅說明，相比這天開始時，結束時投資人對於星巴克的預測趨向樂觀，反映在價格上就是股價上漲。

這就是股價每天上下波動的根本原因。股價的變動是基於投資人每天的感受。

要了解箇中道理，讓我們假想股市是一場進行中的拍賣會。假設有一檔股票正以每股100美元交易。有些投資人心情不美麗，下單股票以任何高於100.10美元（高於目前市場價格）的價碼出售，這

就是**賣出報價**，意思就是賣方願意出售股票的最低價格。

假設有些投資人想買這檔股票，但是不滿意每股100美元的價格，唯有股價等於或低於99.90美元時才會買進。這就是**買進報價**，亦即買方設定購買價上限。

在這個情形下，賣出報價為100.10美元，買進報價為99.90美元，兩方提出的價差為0.20美元，這叫做**買賣價差**。

假設現在有些持股人比潛在買家更急於交易，而其中一位持股人接受99.90美元的報價，這筆交易就會進行，而股價就會落在99.90美元，也就是交易發生後的最終價格。

在這個例子中，賣方對交易的殷切勝過了買方，導致股價下跌。

反之亦同。若是買家的購買動機大於賣方，**價格就會上漲**至現有持股人願意出售的價格。

> **賣出報價**：賣方願意出售股票的最低價。
> **買進報價**：買方願意為股票支付的最高價。
> **買賣價差**：賣出報價與買進報價之間的差價。

對市場樂觀會帶動股價上漲，對市場悲觀會導致股價下跌。

有時候，市場消息會造成投資人比平常更為樂觀或是更為悲觀。

讓我們回顧一下，2020年3月13日星期五，星巴克的收盤價為68.83美元，但緊接而來的周末，美國有半數以上的地方都因為新冠肺炎而關閉，這個消息導致投資人擔心星巴克未來的獲利會下降。投資人的憂慮直接反映在股價上，2020年3月15日星期一，星巴克的股價從68.83美元跌至57.67美元。

情況反之亦然。好消息能帶動股價快速上漲。

星巴克在2020年8月25日星期二宣布，南瓜風味那堤、與海鹽焦糖摩卡星冰樂將提前開賣，這個消息使得投資人相信星巴克的獲利會成長。這立即反映到這一天星巴克的股價：從78.31美元上漲至82.33美元。

所有的例子中，不論何時，股價變動就是基於投資人對公司的看法。

這就是為什麼不論什麼日子，股價都會有所漲跌。

第 16 章

股市漲跌，
反映出群眾心理

　　投資人的看法會造成一支股票價格一日內的波動，而相同的情況也會發生在整體股市上。

　　股票市場也有個每天都會些微變動的本益比。

　　下面這張圖表為2010年1月1日至2019年1月1

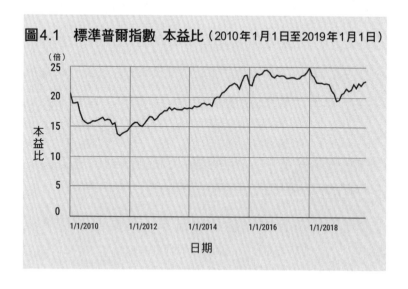

圖4.1　標準普爾指數 本益比（2010年1月1日至2019年1月1日）

日，標準普爾500指數的本益比。

2010年1月1日，標準普爾500指數的本益比略高於20倍，接下來的二十個月，本益比逐漸下滑，直到2011年末跌至谷底的13倍。自此，本益比穩定成長，2018年1月時來到25倍，接著又降至19倍。

這些變動都不是直線，數字都是來回反彈。

所有的例子中，不論何時，本益比都會因為投資人的看法而產生些微的變動。

有時候，投資人對於標準普爾500指數成分股的未來獲利抱以期待，所以更願意買在較高的本益比，股價就會隨之上漲。

也有時候，投資人對於標準普爾500指數成分股的預測信心減退，因而待本益比相對低時再進場，股價就會下跌作為回應。

偶爾也會出現市場消息導致股市大漲或大跌的情況。

2020年初，新冠肺炎疫情橫掃全世界，許多公司被迫倒閉，各地實施社交距離措施，失業率狂飆。

投資人開始感到恐慌。這份恐慌導致標準普爾500指數從2月中至3月中，下跌超過25％。

2020年3月13日星期五，美國政府宣布將通過一項法案，將延長帶薪病假並發放現金給美國民眾。政府表明將協助對抗這個危機所帶來的經濟困境，標準普爾500指數一天內大漲了9％來回應這個消息。

　　事後證明這份樂觀情緒是短暫的。情況在隨後收假時急轉直下，投資人落入恐慌。2020年3月16日星期一，標準普爾500指數一天內大跌了12％。

　　所有的例子中，不論何時，股市的漲跌都是基於投資人對市場樂觀或悲觀而起。

第17章

股價長期波動，
呈現公司體質

本章開始，我們先假定兩件事，

一：貝斯特咖啡的估值剛好是盈餘的10倍，且維持不變。

二：貝斯特咖啡穩定展店、每年新開一家，每家分店都帶來20,000美元的新獲利。

貝斯特咖啡第一年的股價會來到多少？答案是10美元。

每股盈餘 1美元 × 本益比 10 = 股價 10美元

貝斯特咖啡第二年的股價應該會來到多少？答案是20美元。

| 每股盈餘 2美元 | × | 本益比 10倍 | = | 股價 20美元 |

依此類推,這十年的各年股價如下表。

每年開一家新分店		各分店皆獲利20,000美元		
年度	1	2	3	4	5
店數	1	2	3	4	5
總盈餘(美元)	20,000	40,000	60,000	80,000	100,000
總股數	20,000	20,000	20,000	20,000	20,000
每股盈餘(美元)	1.00	2.00	3.00	4.00	5.00
本益比(倍)	10	10	10	10	10
每股股價(美元)	10.00	20.00	30.00	40.00	50.00

年度	6	7	8	9	10
店數	6	7	8	9	10
總盈餘(美元)	120,000	140,000	160,000	180,000	200,000
總股數	20,000	20,000	20,000	20,000	20,000
每股盈餘(美元)	6.00	7.00	8.00	9.00	10.00
本益比(倍)	10	10	10	10	10
每股股價(美元)	60.00	70.00	80.00	90.00	100.00

貝斯特咖啡的股價,從第一年的每股10美元,到第十年每股100美元,如果你從第一年買進並且持

有到第十年，你就會賺回你剛開始投資的10倍！

這就是一支股票長期下來價格逐漸上漲的原因。股價隨著盈餘而變動。

當盈餘增加，股價就會上漲。

當盈餘減少，股價就會下跌。

當然，現實是，本益比不是固定的數字，它會隨投資人對市場悲觀或是看好而頻繁變大或變小。

但長期而言，股價大致往往都跟隨著公司的盈餘而變動。

星巴克的盈餘從1992年每股不到0.01美元，到2019年變為每股2.71美元。（見圖4.2）

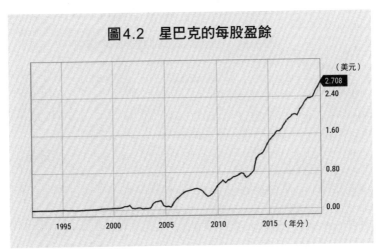

圖4.2　星巴克的每股盈餘

＊每股的盈餘會因為單一事件所造成的獲利增減而調整。

星巴克的股價從1992年的每股低於0.34美元，上漲到2019年的每股64.40美元。（見圖4.3）

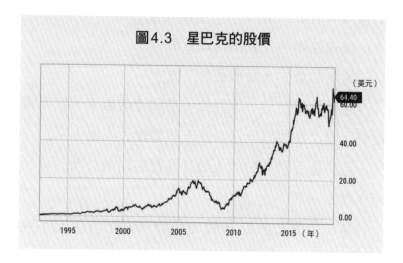

圖4.3　星巴克的股價

將兩張圖表疊放到一起，如圖4.4。

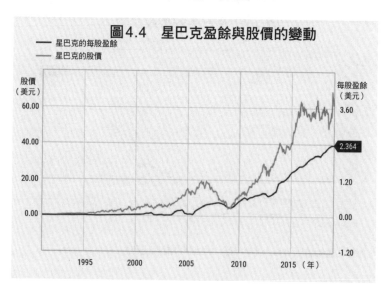

圖4.4　星巴克盈餘與股價的變動

有時星巴克股價的上漲速度比獲利還快。這是因為投資人感到樂觀，加上星巴克的本益比增加。

　　其他時候，星巴克獲利增加，股價卻下跌。投資人較不看好未來發展，同時本益比變小，就會發生這種情況。

　　短期來看，讓股價漲跌的因素有很多。

　　但是長期來看，股價的漲跌隨收益變化而上下變動。

　　傳奇投資人班傑明・葛拉漢（Benjamin Graham），為這個過程做了一個為完美的總結：**「股市短期看來是投票機器，統計某公司受歡迎的程度；長期來看則是體重計，秤量公司的份量。」**

第 18 章

股市長期走勢的真義

　　一支個股價格變動的因素，同樣也適用在股市的整體表現。

　　圖4.5為標準普爾500指數的歷史盈餘：

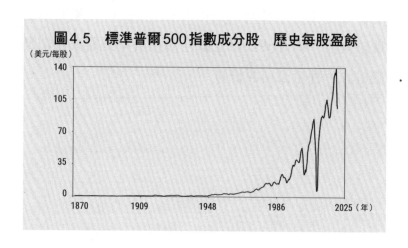

圖4.5　標準普爾500指數成分股　歷史每股盈餘
（美元/每股）

　　如你所見，標準普爾500指數的盈餘隨時推移而顯著地成長。（背後因素留待第22章解說）

同樣的，標準普爾500指數的價格也隨之上漲，
從1871年的4.44美元到2020年的3,756美元

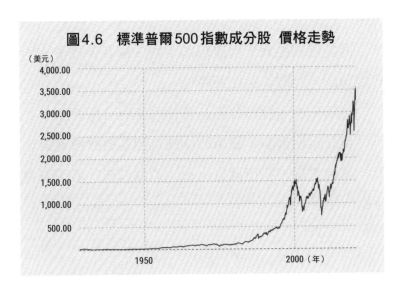

圖4.6　標準普爾500指數成分股　價格走勢

將前面兩張圖表合併如下。

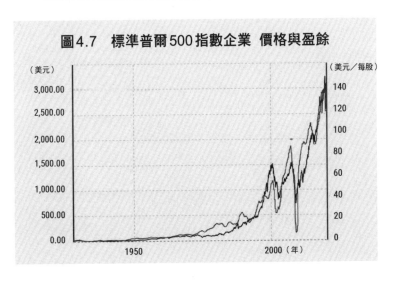

圖4.7　標準普爾500指數企業　價格與盈餘

標準普爾500指數價格的上漲速度之所以快於其獲利，是因為投資人抱持樂觀看法，還有本益比擴大。

而當獲利提升、但股價卻下跌，便代表投資人的悲觀預測，此時本益比便降低。

短期來看，股市會因為各種因素而有所漲跌。

但是長期來看，股市的漲跌是因為**盈餘的變動**。

盈餘增加，股市就會上漲；盈餘減少，股市就會下跌。

第 19 章

聽說股市長期走多。真的嗎？

你可能聽說過股市每年大約成長10％。這是真的。但如果你只看每日股價走勢，很可能不會知道。

標準普爾500指數任何一天上漲的機率都略高於猜硬幣，有52％的時間股票會上漲，剩下48％的時間股票會下跌。

當你連續看一個月標準普爾500指數的大盤走勢，這個機率就會增加，61％的時間標準普爾500指數會上漲，剩下39％的時間標準普爾500指數會下跌。

連續看6個月，66％的時間它處於上漲。

連續看1年，69％的時間它是上漲的。

當你觀察長期持股，情況會變得更有意思。持股期間獲得正實質回報的機率。

從圖4.8可以觀察出兩點：

1. 持股時間增加，達到正回報的機率也會增

加。

2. 就標準普爾500而論,在任何二十年的持有期
   都會產生正回報。

考量到美國歷史上發生過的種種危機,這個結果
相當不可思議。該國家經歷了經濟蕭條、兩次世界大
戰、疫情肆虐、元首遇刺、高通膨、內亂、高失業率
以及恐怖攻擊。然而一般而言,若持有股票的時間夠
長,**它們就有100%的機率帶來正回報。**

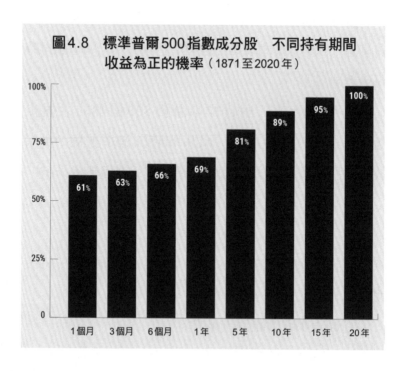

圖4.8　標準普爾500指數成分股　不同持有期間收益為正的機率(1871至2020年)

Part 4 重點看這裡

- 出現好消息時，買方會更急切地想購買股票，他們願意接受更高的本益比，這也連帶地使得股價上漲。

- 出現壞消息時，買方購買股票的意願會降低，他們會要求比較低的本益比，導致股價下跌。

- 短期來看，股價的變動來自於投資人對於公司的**看法**。

- 當投資人稍微樂觀，股價就會小漲。

- 當投資人十分樂觀，股價就會大漲。

- 當投資人稍微悲觀，股價就會小跌。

- 當投資人十分悲觀，股價就會大跌。

- 長期來看，股價總是跟隨著公司的盈餘而變動。

- 超過一年期，標準普爾500指數上漲的機率大約是69％。

- 持股時間增加，達到正面實際報酬的機率也會增加

- 在美國歷史上，標準普爾500指數成分股，不管看任何二十年期都會出現正面報酬。

PART 5

股市的大崩盤與復甦

各種看似獨立的事件，都可能成為下一次崩盤的導火線。

企業與投資人如何在考驗人性的戰場上，化危機為轉機？

第20章

預期心理
與人性的考驗

雖然標準普爾500指數長期來看是上漲的，但是它仍然經常出現顯著的跌幅。

看圖5.1，整體走勢是往右上揚，但並不是呈直線成長，過程中可見數次衰退。

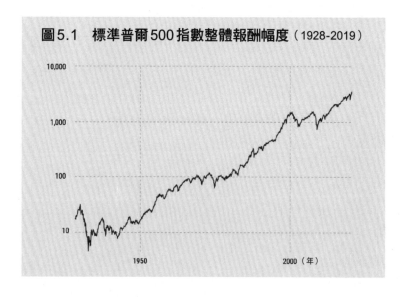

圖5.1　標準普爾500指數整體報酬幅度（1928-2019）

每隔一陣子，股市就會歷經一次大衰退。當這種情況發生時，我們稱之為「崩盤」。

為了找出致使崩盤的原因，讓我們回到貝斯特咖啡這個例子。

假設貝斯特咖啡第一年的營運一切順風順水，拓展新分店、獲利成長、股價上揚。（見圖5.2）

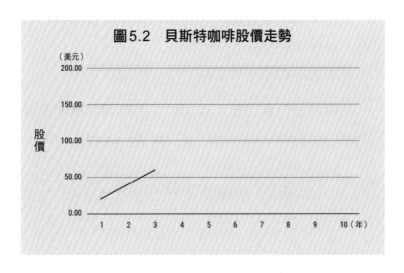

圖5.2　貝斯特咖啡股價走勢

然而在公司拓展業務的第四年，疫情爆發了。

顧客開始減少購物，商業活動幾乎停擺，公司難以應付各項支出，為了節省支出只能資遣員工。

到貝斯特咖啡店裡消費的顧客一天比一天少。

如果你有投資貝斯特咖啡，當你看到這種情況，

你會做何感想？會怕，同時覺得貝斯特咖啡的獲利與股價將要下跌。

投資大眾可能同樣也會感到害怕。其中有些人為了躲過股市衰退而想要出售持股，也因為擔憂，於是願意在股價較低時就出售。

這股出售的渴望會導致股價下跌。

股價下跌，導致本益比在**盈餘減少的預期心理**下而跟著降低。

股市崩盤的發生也是相同的原因。

崩盤通常伴隨世界危機而發生。這個危機令投資人們擔心盈餘會衰退，因而賣出持股。這種拋售進一

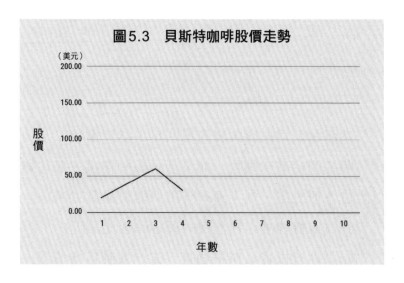

圖5.3　貝斯特咖啡股價走勢

步導致股價下跌，又造成更多投資人擔心股價會繼續下跌。

這股跌勢會蔓延到股市崩盤為止。

從歷史上來看，有許多現象都會讓投資人預測股市崩盤將要發生。戰爭、元首遇刺、政策改變、天災、高通膨、恐怖攻擊、太多債務、過於貪婪、金融危機，以及其他更多的原因。

下表是過去100年間，標準普爾500最嚴重的股市崩盤紀錄。

在每個例子中，導致崩盤發生的原因都不同。

有些衰退需要花很久的時間才能復甦，例如1929年經濟大恐慌、二戰；其他案例的崩盤時間則在幾個月內就結束了。

重要的是，股市崩盤不是什麼新鮮事，而是投資過程的常態之一。

股市崩盤都是人為因素所引起，它們也因此十分難以預測。歷史告訴我們，股市大約每十年就會崩盤一次，而將來有很大的機率，它仍會每隔十年就發生一次崩盤。

無論如何，股市總是會從衰退中復甦。我們在下

一章會談到。

美國股市崩盤				
事件	發生時間	結束時間	持續時間 （月）	標準普爾500 指數總跌幅 （％）
經濟大恐慌	1929／9	1932／6	34	- 86.10
第二次世界大戰後	1946／5	1949／6	37	- 29.60
豬玀灣入侵／古巴 飛彈危機	1961／12	1962／6	7	- 28
通貨膨脹／越戰	1968／11	1970／5	18	- 33
第一次石油危機／ 水門案	1973／1	1974／10	21	- 48.00
高通膨／利率20％	1980／11	1982／8	21	- 27.80
黑色星期一	1987／8	1987／12	4	- 34.00
網路泡沫化	2000／3	2002／10	30	- 59.10
次級房貸危機／金 融海嘯	2007／10	2009／3	17	- 56.40
新型冠狀病毒肺炎	2020／2	2020／3	1	- 34.10

第21章

每次崩盤，
股市為何總是能復甦？

在第17章，我們了解到為什麼股市總是跟著盈餘變動。

當標準普爾500指數抬升，盈餘卻是每隔一陣子就會衰退。我們在上一章提過導致股市崩盤的各種原因，然而儘管危機頻仍，盈餘總是會反彈，並且再創新高。

要知道為什麼，回到貝斯特咖啡的例子：

在貝斯特咖啡營運的第四年，疫情大爆發。部分貝斯特咖啡的投資人，開始擔心公司的盈餘會下滑，所以賣出，希望能躲過這次經濟衰退。假設疫情不見盡頭，導致貝斯特咖啡一年總盈餘，從20,000美元驟減至2,000美元。

如果貝斯特咖啡的本益比依然穩穩地停在10倍，它的股價會跌到什麼程度？

年度	1	2	3	4
店數	1	2	3	4
每店盈餘（美元）	20,000	20,000	20,000	2,000
每年盈餘（美元）	20,000	40,000	60,000	8,000
總股數	20,000	20,000	20,000	20,000
每股盈餘（美元）	1.00	2.00	3.00	0.40
本益比（倍）	10	10	10	10
每股價格（美元）	10.00	20.00	30.00	4.00

　　每股的價格會從第三年的30美元一路跌至第四年的4美元，跌幅超過85％！

　　如果你有投資貝斯特咖啡，價格跌這麼多你會怎麼想？一定會非常擔憂。你投入的資金在一年內就縮水超過85％！

　　這時，貝斯特老闆娜塔莉、伊森、蘿倫的投資同樣也會下跌。面對這波衰退，他們會採取什麼因應措

施？

不外乎著手改革來挽救公司的獲利，比如：

■ 架設新網站，方便顧客隨處都可下訂單。

■ 開始在店內販售貝果、瑪芬、奶昔、甜甜圈、
糖果，拓展新的財源。

■ 每天提早營業，延後打烊。

■ 跟供應商交涉來降低成本。

獲利大幅衰退將會迫使娜塔莉、伊森、蘿倫嘗試
新商業手段，可能其中有些止住獲利減損的現況。

另外，不只是貝斯特受到疫情波及，還有貝斯特
的競爭對手，若是其中有些撐不過這波低迷的景氣而
結束營業，它們的顧客可能會轉而到貝斯特消費。

重要的是，經過這些變動，貝斯特未來會成為營
運更穩健的公司。

假設到了第五年，疫情最嚴峻的時刻已經過去，
貝斯特咖啡每家分店的獲利回到10,000美元。

到了第六年，貝斯特咖啡每家分店的獲利都回到
了20,000美元。

到了第七年，在疫情期間所做的各項變動，使得
貝斯特咖啡每家分店的獲利一路成長到30,000美

元。

下面是貝斯特咖啡這十年來的財務報表：

每年拓展一家新分店 第四年景氣低迷／第六年復甦					
年度	1	2	3	4	5
店數	1	2	3	4	5
每店盈餘 （美元）	20,000	20,000	20,000	2,000	10,000
每年盈餘 （美元）	20,000	40,000	60,000	8,000	50,000
總股數	20,000	20,000	20,000	20,000	20,000
每股盈餘 （美元）	1.00	2.00	3.00	0.40	2.50
本益比 （倍）	10	10	10	10	10
每股價格 （美元）	10.00	20.00	30.00	4.00	25.00

年度	6	7	8	9	10
店數	6	7	8	9	10
每店盈餘 （美元）	20,000	30,000	30,000	30,000	30,000
每年盈餘 （美元）	120,000	210,000	240,000	270,000	300,000
總股數	20,000	20,000	20,000	20,000	20,000
每股盈餘 （美元）	6.00	10.50	12.50	13.50	15.00
本益比 （倍）	10	10	10	10	10
每股價格 （美元）	60.00	105.00	120.00	135.00	150.00

　　圖5.4是將本益比固定為10倍，貝斯特咖啡的股價表現：

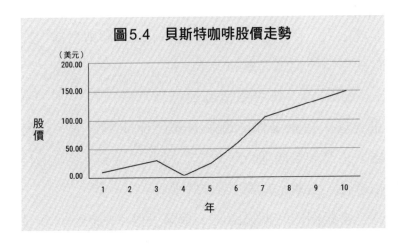

圖5.4　貝斯特咖啡股價走勢

雖然這是個過於簡化的例子，但它顯現出一家公司如何從衰退中重新站起，並且更為茁壯。股市的運作方式也是如此，股市永遠都會從衰退中復甦，並且變得更為強勁。

下列是三大理由：

第一，經濟艱困時期迫使企業、從業人員、以及創業家不得不嘗試新的做法，它們放下舊有的商業模式，接受新的做法，並且學著熟悉採用新技術。

回顧1873年，當時美國正面臨經濟大衰退，然而接下來的十年，各種新科技如留聲機、燈泡、地鐵系統、電話一一被發明出來。

或是回想一下經濟大恐慌時期。1930年代是美國歷史上經濟最艱困的時期之一，但是經濟歷史學家亞歷山大·費爾德（Alexander Field）卻稱它為「20世紀中科技突飛猛進的十年」。

2020年，新冠疫情導致數百萬家公司停工，視訊會議、在家工作、電子商務因而成為常態。這時候，企業如果能迎合新的市場需求，便不僅能挺過疫情考驗、也奠定長期成功的基礎。

當艱困的時期來臨時，企業不得不創新並且嘗試

新的事物。創新帶來了新的企業模式，帶動了經濟復甦。

第二，體質虛弱的企業在艱困的時期一一倒閉，而體質強健的企業卻能存續，並吸收前者的客戶，變得更脫穎而出。

第三，政府在景氣低迷時介入，提供各項協助。這包括了提供就業機會、直接支薪，或是向企業購買產品或服務，有助於減緩經濟衰退帶來的衝擊。

這三大因素結合在一起，最終能夠結束景氣低迷，存續下來的企業也比以前更強大，獲利也終將回穩。

景氣復甦期間，開始出現新的企業並且成長快速，各種新創產業與科技帶動市場與經濟，投資人感受到盈餘回升，股價隨之而走揚。

換言之，只要企業的獲利情形能從低迷中復甦，股市就會跟著復甦。

Part 5　重點看這裡

- 從歷史看來，股市大約每隔十年就會出現一次大衰退。
- 投資人因為盈餘減少的預期心理而賣出持股。
- 股市崩盤不是新鮮事，而是投資過程的其中一個常態。
- 股市崩盤是無法預測的，因為是由人性引起。
- 經濟艱困時期迫使企業、從業人員，以及創業家不得不嘗試新的事物。
- 體質虛弱的企業在景氣低迷時期無法存活，讓強健的競爭對手得以接收其客戶。
- 政府在景氣低迷時期可以藉著提供就業機會，並向企業購買產品與服務，來降低經濟衝擊。

公司越賺越多？
股市上漲的動能

每股盈餘不斷上升，賺錢公司做對了什麼？

從社會、經濟與產業看股市上漲，洞悉讓股東利潤增

加的七種有力指標。

第22章

持續成長：
盈餘的七個重要推力

　　如前所述，雖然不是直線向上，但標準普爾500
的盈餘隨著時間推移持續成長；經濟時不時會遇到難
關，使得標準普爾500指數因而下降，但下降之後，
總能回升並且再創新高。

　　帶動收益增長的有幾股力量，分別為：

1. 通貨膨脹

2. 生產力

3. 創新

4. 海外擴張

5. 人口成長

6. 收購

7. 股票回購（詳見第29章）

不論在哪一年，每股力量通常會為盈餘帶來1％或2％的影響，並且在某年發揮比其他時間扮演更關鍵的角色，然而，如果它們結合在一起，會持續地為盈餘帶來成長。

只要這些力量還在，**幾乎就可以確定盈餘會隨著時間持續成長。**

第23章

適度通膨，帶動盈餘增加

麥當勞在1967年推出「大麥克」漢堡。這個漢堡裡有雙層牛肉、三片麵包、一片起司、酸黃瓜、萵苣、洋蔥、和特殊醬料，定價為0.45美元，一推出就大受歡迎。到了2020年，「大麥克」的配料跟1972年完全相同，只是現在一個要5美元。

為什麼變這麼貴？答案是：**通貨膨脹**。

你可能有注意到，汽車、食物、房子、汽油、保險、醫療，幾乎你買的每樣東西，其價格都比你小時候更高昂。

通貨膨脹就發生在等值貨幣的購買力慢慢下降之時。企業界由每年小幅調漲商品價格，以彌補購買力下降所帶來的損失。這也使得它們的獲利每年都能提升一些。

> **通貨膨脹**是指商品和服務的價格隨著時間的推移而上漲。

信不信由你，通膨的出現是刻意的。**美國聯邦準備理事會**（Federal Reserve，簡稱聯準會）目標將美國的通貨膨長率（亦即消費者物價指數〔CPI〕年增率）控制在每年2%，並為此逐步地增加美國貨幣的總供應量。

> **聯準會**，就是美國的中央銀行體系。由美國政府創建，負責美國的貨幣政策以及銀行體系的監督管理。

聯準會，就是美國的中央銀行，為美國政府為了提供整個國家更穩定的貨幣與金融系統而創立。（詳見第59章）

一旦增加貨幣供應，美元的價值就會漸漸下降，這是因為相同的東西越多，價值就越低。

好比說：傳奇球員貝比・魯斯（Babe Ruth）1914年菜鳥時期的棒球球員卡非常稀有，也是眾多收藏家想要擁有的夢幻逸品，因為稀有所以價格高昂，其中一張系列球卡在2013年的拍賣會上，以450,300美元成交。

如果這張貝比・魯斯菜鳥時期的球員卡，在市面上有10,000張，你認為此時這張卡價值多少？供應量增加將會導致價格暴跌。數量越多，明星球員卡的

價值就會越低。

　　貨幣也是同樣道理。

　　自1914年起，出現過通貨膨脹非常高的時期，也出現過通貨膨脹非常低的時期，過去的30年間，通貨膨脹率一直維持在適中的狀況。（見圖6.1）

　　但是時間一久，通膨率有可能會維持正成長，這將成為一股增加企業獲利的力量。

　　只要通膨率維持大於0％，就會對盈餘帶來正面影響。

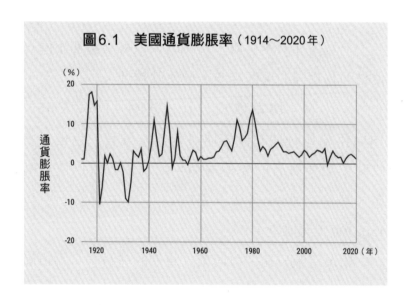

圖6.1　美國通貨膨脹率（1914～2020年）

第 24 章

生產力，效率與獲利的指標

　　1950年，每英畝（約0.4公頃）的玉米田一年可以收成39英斗（將近1公噸）；到了2020年，同樣一英畝玉米田可以收成153英斗（約3.9公噸），漲幅約292％。

　　玉米並不是特例。隨著時間流逝，人類幾乎每樣東西都越來越擅長生產，像是乳製品、能源、汽車、燈具、電子產品。

　　擅長製造東西的能力有個華麗的名稱：**生產力**。

　　生產力增加有許多原因。建立新的工廠、購入更好的設備、上游報價更低的材料、發展新的科技，以及研發新的技術，這些都對生產力有很大的貢獻。不管什麼時候，大部分的生產力增加都很少會被注意，通常

> **生產力**是指人類找到新的方法，投入相同（或更少）資源，生產出更多的物品與服務。

是這裡增加一點、那裡增加一點，日積月累，增加的生產力層層堆疊，然後才會被加總起來。

如圖6.2所示，美國政府一直在追蹤生產力，自1950年起，生產力就一直呈現向上的趨勢。（編按：總要素生產力〔簡稱TFP〕之成長率是觀察技術進步的主要指標）

過程雖然有起有落，但是長期走勢卻很明確：生產力一直都是上升的。

這對人類而言是個好消息。改良過的生產力可使企業在生產產品與服務更有效率，讓企業可以增加利潤，或是將省下的成本讓利給消費者。隨著時間推移，其獲利便會穩定增長。

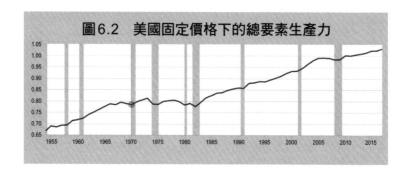

圖6.2 美國固定價格下的總要素生產力

第 25 章

創新：
需求的重分配

1990 年，智慧型手機還不存在。而到 2020 年，擁有智慧型手機的消費者多達 30 億人，而且整年手機的銷售數字超過 7,000 億美元。

人類一直都在發明新科技。每隔一陣子，就會有些新科技開發出之前不存在的市場商機，這就是所謂的**創新**。創新科技為企業帶來市場商機。新舊企業相互競爭，以創造跟進新市場需求的產品、服務，一旦滿足需求，就伴隨獲利成長。

有些創新科技會破壞舊有的市場。在過去，當汽車作為交通工具開始成為普及化商品時，馬匹的需求量就急邃下滑。然而，創新的淨利效應往往會帶動獲利成長。

> **創新**是指新型態的產品與服務在市場上推出，並且為企業帶來新的商機。

截至2022年5月本書出版，有哪些創新科技？我詳列前景看好，可望開創市場新商機的創新科技：

- 第五代行動通訊技術（5G）
- 3D 列印
- 水產養殖
- 替代性水泥
- 人工智慧
- 自動駕駛車輛
- 生質塑膠科技
- 生物科技
- 區塊鏈
- 腦機界面（Brain-Machine Interfaces）
- 碳封存（Carbon Sequestration）
- 雲端運算
- 互聯健身
- 環境控制農業
- CRISPR 基因編輯技術
- 加密貨幣
- 網路安全
- DNA 運算
- 海水淡化
- 電子錢包
- 電網
- 電控調光玻璃（Dynamic Glass）
- 邊緣運算
- 電動自行車
- 電子支付
- 電子競技
- 電動車輛（Electric Vehicles，簡稱 EV）
- 儲能產業
- 燃料電池

- 地板蓄熱及冷卻系統（Geothermal Heating & Cooling）
- 基因編輯
- 全像攝影
- 超迴路列車
- 物聯網
- 高齡產業
- 信使核醣核酸（mRNA）
- 元宇宙
- 微電網
- 奈米科技
- 核能2.0
- 線上交友
- 線上學習
- 個人化醫療
- 個人化保險
- 植物性奶製品
- 植物肉（又稱未來肉）
- 塑膠回收2.0（Plastics 2.0）
- 精準生物學
- 量子運算
- 新型態房地產買賣
- 減廢回收2.0
- 機器人學
- 機器人手術
- 軟體即服務（SaaS）
- 智慧道路
- 太陽能
- 太陽能屋頂
- 太空採礦
- 太空旅行
- 串流影音
- 遠距醫療
- 遠端臨場
- 隧道技術2.0
- 垂直農法
- 廢棄物回收

- 廢棄物轉製能源

- 虛擬實境

- 無線充電技術

- 風能技術

第26章

海外擴張，
開發國界之外的市場

網飛（Netflix）創立於1997年，客戶不用到DVD出租店，就能利用網路線上租賃DVD，是這家公司當年的創新發想。網飛因此逐漸受到大眾喜愛，在美國有數百萬人使用網飛。

2010年，網飛開始轉型，從原本的DVD租賃公司轉型為數位串流服務影音平台。這項改變讓這家公司的版圖拓展到加拿大、拉丁美洲、加勒比海等世界其地。

到2020年底，網飛在全球的訂閱達到2億戶，其中美國訂戶佔不到一半。

網飛並不是特例。許多美國企業，例如：耐吉、達美樂、蘋果、麥當勞，它們大部分的收入都來自美國以外的國家。

截至2020年，地球上有78億人口，其中只有約3.32億人居住在美國。企業都是聰明的，知道要把客戶群拓展到其他國家。

美國儘管是世上最發達、最大的經濟體，但是許多國家也緊追在後。大型國家像是中國、印度、巴西、印尼，它們的經濟成長快速，這使得數十億人脫離貧窮，也增加了全球的中產階級。

美國企業深諳國外市場的極大潛力，所以持續尋找把產品和服務出售給海外客戶的新方法，一旦找到，獲利就會提升。

第 27 章

人口狀態，易忽略的關鍵點

1900年，世界上總計約有16億人口。

到了2020年，人口成長到了78億。

2100年，聯合國預估這個數字會來到108億。
（見圖6.3）

緩慢增加的世界人口，帶動了所有產品與服務的需求。當企業滿足更高的需求，其獲利就會增加。

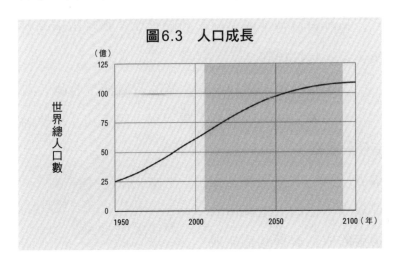

圖6.3　人口成長

第 28 章

企業收購，
越來越熱門的獲利方法

在第 17 章，貝斯特咖啡決定將獲利用在每年開一家分店。

開店絕非易事。娜塔莉、伊森、蘿倫必須找好地點、裝潢店面、雇用員工、決定供應商，還要填寫一堆文件，事情堆積如山。

也許可以買下競爭對手的咖啡店，然後再更名營業，這不是很棒嗎？

一家企業買下另外一家企業的行為便是**收購**。

當一家公司（收購者）買下另一家公司（被收購者），收購者可以將被收購者所有的收益與獲利全都算作自己的，這使得收購者的收益與獲利都能成

> **收購**是指一家企業買下另一家企業的大部份股票，藉此得到控制權。

長。

一家公司買下另一家公司原因不只如此，也可能是達到以下目標的手段：

- 獲得資產控制權
- 提高市場占有率
- 降低成本
- 減少競爭
- 獲得新技術的管道
- 增加員工
- 打入新市場
- 銷售產品多樣化

舉個例子，亞馬遜在2017年，以134億美元收購了高級有機超市「全食超市」（Whole Foods）。這個收購案立刻提供了亞馬遜數百家分布在全美國，可以販賣食品雜貨以及其他商品的實體店面。

收購已經變得十分普遍。如圖6.4所示，2020年，美國企業總共花了超過2.4兆美元，收購了超過15,000家公司。（編按：在臺灣，併購案總金額也逐

年大幅增長，自 2020 年後年增率約五成）

收購的金額與規模與日俱增。

由於收購是一個能讓公司收益和獲利成長的可靠方法，因此這仍將是公司成長的熱門選擇。

因此它仍將是公司成長的熱門方法。

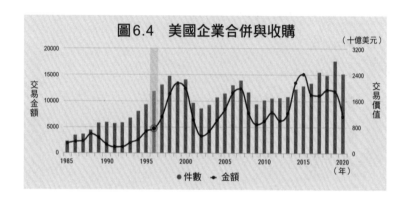

圖6.4　美國企業合併與收購

第29章

股票回購，
小幅提升每股盈餘

回顧第8章，貝斯特咖啡上市後，三位合夥人的股份都減半，娜塔莉持有30％、伊森持有15％、蘿倫持有5％，剩下50％則分配給買股票的投資大眾。

	娜塔莉	伊森	蘿倫	投資大眾	總計
持有股數	6,000	3,000	1,000	10,000	20,000
持股百分比（％）	30	15	5	50	100

總共有20,000股，意思是娜塔莉等人擁有貝斯特咖啡一半的股份，投資大眾擁有另一半股份。

如果你是老闆，難道不想擁有更多控制權嗎？如果合計持股過半，三人在公司的獲利與資產上便能有更多請求權。

減少投資大眾的持股是可行辦法，而這可以靠**股票回購**達成。有些公司利用部

> 股票回購，是指公司在公開市場上用現金等方式購買自己公司的股票。

分獲利從投資人手中買回自家股票。此時，現有股數就會減少，剩下的持有人便擁有較大的公司所有權。

假設娜塔莉、伊森、蘿倫決定要拿部分獲利從投資大眾手中買回5,000股。回購前，總股數有20,000股；回購後只剩下15,000股。這代表剩下的每一股，都有更多利潤要求權，因而變得更有價值。

完成回購後，娜塔莉依然擁有6,000股，因此她的公司擁有權就會從30％提升到40％；伊森依然擁有3,000股，其公司擁有權則從15％提升到20％；蘿倫依然擁有1,000股，持股比例從5％提升到7％。

	娜塔莉	伊森	蘿倫	投資大眾	總計
持有股數	6,000	3,000	1,000	5,000	15,000
持股百分比（％）	40	20	7	33	100

股票回購前後的持股比例見圖6.5：

這個簡單的道理也適用於整個股市。

圖6.5 股票回購前、後的持股比例差異

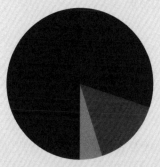

● 蘿倫 5%　　● 伊森 15%　　● 娜塔莉 30%　　● 投資大眾 50%

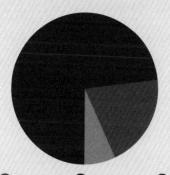

● 蘿倫 6.7%　　● 伊森 20%　　● 娜塔莉 40%　　● 投資大眾 33.3%

每年，標準普爾500指數企業都會花費數十億美元從投資人手中買回自家股票。

　　這減少了在外流通股的數量，總股數減少，每股的盈餘也因此而增加。

　　不論哪一年，股票回購數量都不會太多，大約會讓盈餘成長1％左右，然而，加上股東持有的時間，這就會不斷地為每股的盈餘帶來成長。

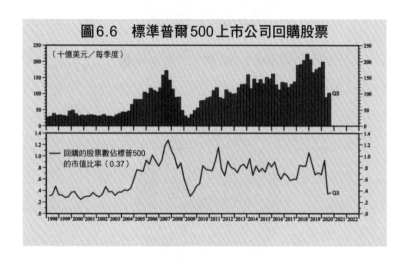

圖6.6　標準普爾500上市公司回購股票

Part 6 重點看這裡

- 盈餘會隨著時間增加，是因為通貨膨脹、生產力、創新、海外擴張、人口成長、收購、股票回購等因素的共同作用。
- 通貨膨脹就是產品與服務的價格隨著時間而上漲。
- 生產力就是人們找到新的方法，以較少的資源，獲得較多的產品與服務。
- 創新就是透過開發產品、新型服務，進而開拓商機。
- 海外擴張就是公司將產品與服務銷售到其他國家。
- 人口持續成長，對於產品與服務的需求也隨之成長。
- 收購就是一家公司買下另一家公司。
- 股票回購就是公司從投資人手中，買回自家股票。

PART 7

股票複利效應

雪球最後的大小，並非取決於一開始的型態，而是滾動的時間長度。

當你層層疊起許多微小的正確決定，時間就會跟你站在同一邊。

第 30 章

複利法則，
讓時間成為你的朋友

在第一章，有一個名為亞倫的虛構人物，藉著投資股市 39 年，將自己每個月 400 美元存款，變成三百多萬美元的財富。

是什麼樣的力量，讓帳戶裡的小錢變成如此鉅額的數目？答案就是：**複利**。

班傑明・富蘭克林（Benjamin Franklin）曾經說過：「錢賺錢，錢賺來的錢繼續賺錢。」

想像複利是一顆從山丘上向下滾的雪球。一開始雪球小小的，但隨著它一路往下滾，越滾就越大；當它越滾越大，附著在它上面的

當把一項投資的收益再投入，一遍又一遍下來所產生的額外報酬。這導致投資隨著時間流逝，以越來越快的速度，越變越多。這個過程就是**複利**。

雪也越來越多，雪球也因此以越來越快的速度變大。

想知道複利的威力，請先想一下這個問題：**如果把1美元用2倍乘上三十次，你最後會得到多少錢**？

答案是536,870,912美元。

似乎不太可能，對吧？運算請見下表。

倍增	價值（美元）	倍增	價值（美元）	倍增	價值（美元）
1	1	11	1,024	21	1,048,576
2	2	12	2,048	22	2,097,152
3	4	13	4,096	23	4,149,394
4	8	14	8,192	24	8,388,608
5	16	15	16,384	25	16,777,216
6	32	16	32,768	26	33,554,432
7	64	17	65,536	27	67,108,864
8	128	18	131,072	28	134,217,728
9	256	19	262,144	29	268,435,456
10	512	20	523,288	30	536,870,912

用曲線圖表現則如圖7.1。

這令人難以置信的成長幅度，都要歸功於複利的威力。

股市的威力如此強大，正是因為它隨著時間推

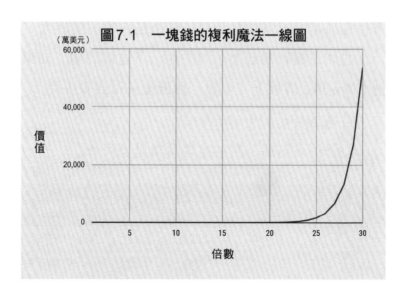

（萬美元） 圖7.1 一塊錢的複利魔法—線圖

價值

倍數

移，讓投資人的錢倍數增長。

上一句的關鍵詞是「隨著時間」。獲得高報酬的祕訣就是投資的時間要越長越好。

舉例來說，如果你每個月投資100美元到標準普爾500指數中，到了2020年末，你會擁有多少錢？

■ 如果你是2010年開始投資，那麼你會有28,512美元。

■ 如果是2000年開始，那麼你會有 77,590美元。

■ 如果是1990年開始，那麼你會有197,590美元。

■ 如果是1980年開始，那麼你會有664,940美元。

■ 如果是1970年開始，那麼你會有1,769,450美元。

下表是1920年1月以來，不同時間開始投資的結果統計，

每月投資標準普爾500指數100美元 截至2020年12月31日的價值			
開始時間	價值（美元）	開始時間	價值（美元）
2010年1月	31,177	1960年1月	5,718,341
2000年1月	85,046	1950年1月	17,310,217
1990年1月	229,953	1940年1月	65,959,992
1980年1月	864,666	1930年1月	157,054,643
1970年1月	2,618,060	1920年1月	319,680,111

注意到總價值以越來越快的速度越增越多嗎？這就複利效果。

要了解這怎麼發生的，再回到貝斯特咖啡。

每開一家分店需要1萬美元，公司起初計畫向投資大眾募資10萬美元，用來每年拓展1家新分店。

假設娜塔莉、伊森、蘿倫改變計畫，他們將公司的年度獲利拿去投資，將所得的收益用來盡可能拓展

更多的新分店。

　　第一年，貝斯特咖啡的獲利為2萬美元，娜塔莉、伊森、蘿倫決定用這筆錢在隔年拓展2家新分店。（見圖7.2）

　　第二年，貝斯特咖啡有了3家分店，為公司帶來6萬美元的年度獲利。娜塔莉、伊森、蘿倫利用這筆錢，在隔年又拓展了6家新分店。（見圖7.3）

　　第三年，貝斯特咖啡有了9家分店，獲利達到18萬美元，這可以讓它在隔年繼續拓展18家新分店。

　　如你所見，獲利以飛快的速度增加，這是因為複

圖7.2　第二年，擴展為3間門市

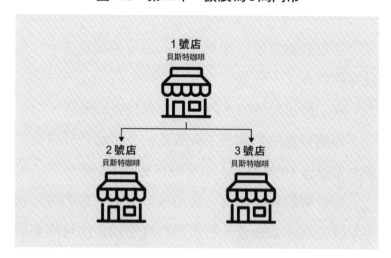

圖7.3 第三年，快速展店後來到9間門市

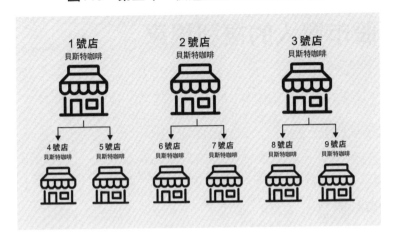

利的作用。

　如果貝斯特咖啡能保持這種展店速度，到了第十年，它將會有19,683家分店，產生的年度獲利將會來到3億9千366萬美元。

　這雖然只是一個理想化的例子，但的確展現了複利的威力。

第31章

股市驚人的複利現象

長期來看，標準普爾500指數每年以10％的增幅複利成長。

期間雖然出現第20章討論過的股市崩盤所帶來的跌勢，複利仍然使股市整體以相對穩定的比例成長。（見圖7.4）

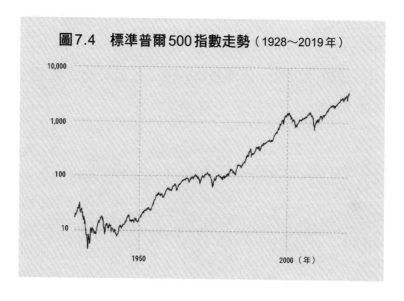

圖7.4　標準普爾500指數走勢（1928～2019年）

當我第一次看到標準普爾500指數的長期走勢圖時，我感到十分困惑。我看到的就是一條有數字的線逐漸地往右邊向上延伸，要如何解讀為「每年以10％的增幅複利成長」呢？

　　日後我才找到答案。複利出現在股市是因為價格的變動是以百分比來追蹤，而不是以點數。

　　你是否曾從新聞聽到主播這麼說：「道瓊工業平均指數今天漲逾300點，來到30,300點。」他們播報的內容是正確的；在這則新聞中，道瓊工業平均指數在這一天的確上漲了300點，然而，你需要注意的是與收益相關的百分比。

　　更好的說法是：「道瓊工業平均指數今天上漲了1％。」（道瓊工業平均指數上漲為300點，除以前一天收盤指數30,000點）意思是，如果你投資了1萬美元在道瓊工業平均指數，現在就會價值10,100美元（增幅1％）。

　　點數呈現事實，百分比提供實質內容。

　　還有，指數中的百分比走勢到了每年的1月1日都會重新設定。所有在新年度的損益紀錄都會以1月1日的走勢為起始點。

想知道為什麼，就讓我們從頭開始自創一個新的指數，1月1日的開盤價格就是100。

到了該年年終，指數上漲到了110，這就是10％的漲幅。

110	← 12月31日的結束價格	
——		＝ 110％ - 1＝ 漲幅10％
100	← 1月1日的起始價格	

第二年的1月1日，這時分母變成110。

假設在第二年，指數又上漲10％，在第二年年底的價值是多少？答案是121。

第一年賺得的10％，同樣也成長了10％，總數因此又多加了個1。

假設10％的報酬率又持續了好幾年。

到了第十年年終，指數從110一路成長到259！

年度	起始價格	收益（%）	結束價格
1	100	10	110
2	110	10	121
3	121	10	133
4	133	10	146
5	146	10	161
6	161	10	177
7	177	10	195
8	195	10	214
9	214	10	236
10	236	10	259

　　道瓊工業平均指數、標準普爾500指數、納斯達克綜合指數的運作方式都是如此。

　　下表是回溯至1926年標準普爾500指數的年度報酬率：

標準普爾500歷年報酬率							
年份	變動(%)	年份	變動(%)	年份	變動(%)	年份	變動(%)
1926	11.62	1950	31.71	1974	-26.47	1998	28.58
1927	37.49	1951	24.02	1975	7.20	1999	21.04
1928	43.61	1952	18.07	1976	23.84	2000	-9.10
1929	-8.42	1953	-0.99	1977	-7.18	2001	-11.89
1930	-24.90	1954	52.62	1978	6.56	2002	-22.10
1931	-43.34	1955	31.56	1979	18.44	2003	28.68
1932	-8.19	1956	6.56	1980	32.42	2004	10.88
1933	53.99	1957	-10.78	1981	-4.91	2005	4.91
1934	-1.44	1958	43.36	1982	21.55	2006	15.79
1935	47.67	1959	11.96	1983	22.56	2007	5.49
1936	33.92	1960	0.47	1984	6.27	2008	-37.00
1937	-35.03	1961	26.89	1985	31.73	2009	26.46
1938	31.12	1962	-8.73	1986	18.67	2010	15.06
1939	-0.41	1963	22.80	1987	5.25	2011	2.11
1940	-9.78	1964	16.48	1988	16.61	2012	16.00
1941	-11.59	1965	12.45	1989	31.69	2013	32.39
1942	20.34	1966	-10.06	1990	-3.10	2014	13.69
1943	25.90	1967	23.98	1991	30.47	2015	1.38
1944	19.75	1968	11.06	1992	7.62	2016	11.96
1945	36.44	1969	-8.50	1993	10.08	2017	21.83
1946	-8.07	1970	4.01	1994	1.32	2018	-4.38
1947	5.71	1971	14.31	1995	37.58	2019	31.49
1948	5.50	1972	18.98	1996	22.96	2020	17.28
1949	18.79	1973	-14.66	1997	33.36	2021	28.71

不管看哪一年，標準普爾500指數的報酬率很少剛好落在10％。

年度報酬率都在上表。

有時候標準普爾500指數上漲的幅度非常大，像是1928年上漲了43％，或是1954年上漲了52％。

有時候標準普爾500指數下跌的幅度非常大，像是1931年下跌了43％，或是2008年下跌了37％。（編按：台股史上最大跌幅為2008年下跌46％，而近期明顯漲幅為2021年上漲了23.7％。過去15年〔2005年起〕年化報酬率為8.6％）

然而，如果你把那些大幅震盪以長時間平均來看的話，年報酬率大概是10％左右。

第 32 章

比起買快樂，不如存股

長期來看，標準普爾 500 每年大約產生 10% 的複利。

這個報酬率大部分是由標準普爾 500 指數的盈餘所貢獻。然而，這 10% 報酬當中的一部分是來自**股息再投資**（Dividend Reinvestment）。

當投資人收到股利時，他們可以有兩種選擇：

1. 領取股息
2. 將股息再投入到股票或基金中，購買更多的股份

許多投資人選 2，這是個聰明的選擇。股息再投資可提高股市、基金的長期回報酬，因為用股息再買更多股票、或基金的股份，可以增加投資人持股數量，如此就能夠增加日後支付的股息等。

一旦股息被拿去再投資，投資人的投資組合就會以越來越快的速度成長。

投資人從股息再投資中可以獲得多少報酬，取決於股票或基金的**股息殖利率**。

> **股息再投資**是指投資人將領到的股息，繼續投入原來的股票或基金。
>
> **股息殖利率**多用來估算投資者從持有股票（基金）中預期獲得的現金回報。股息殖利率都以百分比（％）表示，計算方式：股票（基金）的每股股息（現金股利）／當前股價。

股息殖利率跟利率相似，而且總是以百分比表示。例如，2020年末標準普爾500的股息殖利率是1.5％，這代表如果你當時在標普500投資了1,000美元，下一年你將預期得到15美元的股利。

1.5％的報酬聽起來不算高，但是股息再投資對長期報酬上的影響遠超出想像。

記得亞倫嗎？正是因於股息再投資，他每個月400美元的投資，39年後變成超過300萬美元的投資組合。

在亞倫的工作期間，他的投資組合以複利年成長率11％的速度成長；其中僅有8.5％來自資本利得，剩下的2.5％來自股息再投資。

信不信由你，就是這2.5％大大地改變了亞倫投資組合的規模。

　　回想一下，亞倫的投資組合因為股息再投資而成長至303萬美元，如果亞倫沒有選擇股息再投資，而是選擇花掉的話，請問他的投資組合會有多少價值？

　　1,483,731美元。

　　你沒看錯。如果亞倫選擇將股息花掉，而不是再投入，他的**錢將會剩不到一半**。（見圖7.5）

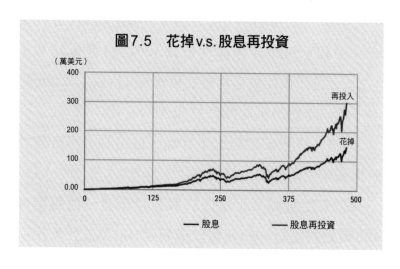

　　這顯示出股息再投資對於股市複利有多重要。

Part 7　重點看這裡

■ 複利就是投資的收益一再重複投資所產生的額外報酬，會使得投資隨著時間以越來越快的速度越變越多。

■ 複利出現在股市是因為價格的變動是以百分比來衡量，而不是以點數。

■ 指數中的百分比走勢到了每年的1月1日都會重新設定。所有新年度的損益紀錄都會以1月1日的走勢為起始點。

■ 標準普爾500指數的報酬率每年都會有所變動，從來沒有剛好就是10％。然而，若是長期來看，美國股市的年平均報酬率約為10％。

■ 股息再投資，是指投資人把收取的股息，用來買進原來的股票（基金）的額外股份。

■ 股息對股市的複利影響重大。

PART 8

進場，贏在起點

把生活壓在單一收入，是最不穩固的策略，開始投資是最棒的支出減壓方法。個股、指數化投資、基金和債券，選擇最貼近你生活頻率的，再去學習與投入。

第33章

開戶走進股票市場大門

我希望看到這裡，你已認為投資股市是一個絕佳的財務決定。該從哪裡開始？

要做的第一件事，就是前往證券商開戶。證券商有點像銀行，差別在於它們可以讓投資人買賣股票以及其他金融商品。

申辦投資帳戶就跟申辦銀行帳戶一樣簡單。你只需要在線上填好表格，連接你的銀行帳戶，轉一點錢過去，你就可以開始交易囉。

至於你該選擇那家證券商，這裡有些極佳的選擇。

以下是本書出版時，在美國最熱門的5家證券商：

■ 嘉信理財集團（Charles Schwab）

■ E*Trade金融公司（E*Trade）

- 富達投信（Fidelity）
- 德美利證券（TD Ameritrade）
- 先鋒領航投資集團（Vanguard）

　　證券商祭出開戶優惠和折扣是很常見的，所以務必要選擇最優惠的。要進一步了解在哪家證券商開戶最適合你，請見〈推薦資源〉。

第34章

將不同用途的帳戶，納入你的投資計畫

選定證券商後接下來要做的事，就是弄清楚你想要開哪一種帳戶。

一般來說，帳戶分成應稅投資帳戶（Regular Brokerage Account）、個人退休帳戶（Retirement Accounts）這兩種。

1. 應稅投資帳戶：

這些帳戶裡的錢來自於活期帳戶或是儲蓄帳戶，完全沒有特別的稅務優惠。如果你的投資透過股息、資本利得賺到價差，就得繳稅（視所得多寡而定）。

關於應稅投資帳戶的好消息是，沒有太多規則需要遵守。隨時都可以將錢轉進轉出，你可以依照個人的意願投資，可以選擇的投資標的也非常廣泛。

應稅投資帳戶唯一的缺點是，它們沒有特別的稅務優惠。

2. 個人退休帳戶：

　　如果你住在美國，而且正在為了日後退休生活而投資——你真的該這麼做！——你有更多的選擇。

　　個人退休帳戶提供投資人額外的稅務利益，幫助他們能更輕鬆地為退休生活儲蓄或投資，有些人稱它為「稅務優勢」或「免稅」帳戶。美國政府提供這些節稅措施，鼓勵民眾提前為退休儲蓄。

　　個人退休帳戶有許多不同類型，以下是最受歡迎的四種帳戶概述：

　　401（k）退休福利帳戶： 401（k）通常是雇主提供給全職員工的個人退休福利帳戶。通常員工到職第一天就會設立這個帳戶，但是員工可以自行決定是否加入。

　　401（k）退休福利帳戶好處多多，因此很受美國勞工的歡迎。

401（k）退休福利帳戶的優點：

進入401（k）退休福利帳戶的款項通常在薪水計稅前就提撥，這筆金額可從員工的申報所得扣除，也可以提供即時的節稅。

- 許多雇主同時也提供了公司配比方案，鼓勵員工參加。只要員工參加401（k）退休福利計畫，公司會額外提撥一筆錢到員工的帳戶中，對員工而言，這根本就是天上掉下來的錢。

- 在401（k）退休福利帳戶中增加的錢一律免稅。

- 參加資格沒有收入限制。

- 截至2022年，擁有401（k）退休福利帳戶的人，一年的帳戶存款上限為20,500美元；50歲以上的員工，一年的帳戶存款上限為27,000美元。

401（k）退休福利帳戶的缺點：

- 提領帳戶中的錢需要繳稅。

- 員工的投資選擇通常都侷限在雇主挑選的基金。

■ 員工如未滿59.5歲就將錢領出，需要繳納罰
款（特殊狀況除外）。

整體而言，401（k）退休福利帳戶是受雇者極
佳的選擇。

公司配比是天上掉下來的錢

大部分提供401（k）或403（b）退休福利帳戶
的雇主，通常也會提供部分比例的公司配比到雇員投
入的資金中。

舉例來說，常見的配比計畫是「額外加碼
50％，但上限不超過員工薪資的6％」。意思是，如
果你的收入是50,000美元，存入401（k）退休福利
帳戶3,000美元，你的雇主會以你的名義額外存入
1,500美元。

這1,500美元，根本就是**天上掉下來的錢**。

如果你是那20％可以使用公司配比，卻沒有享
受到所有好處的人，請將它列為你財務規畫的優先需
求之一。

羅斯401（k）退休福利帳戶：這些帳戶跟一般的401（k）類似，差別在於羅斯401（k）保有稅務優惠。

羅斯401（k）退休福利帳戶的優點：

- 許多雇主提供公司配比，藉以鼓勵員工參加。
- 帳戶中增加的錢一律免稅。
- 參加資格沒有收入限制。
- 截至2022年，擁有羅斯401（k）退休福利帳戶的人，一年的帳戶存款上限為20,500美元；50歲以上的員工，一年的帳戶存款上限為27,000美元。
- 提領錢不須扣繳任何稅金。

羅斯401（k）退休福利帳戶的缺點：

- 進入羅斯401（k）退休福利帳戶的款項通常是在薪水**計稅之後**才提撥，這代表員工沒有得到即時的稅務優惠。
- 員工的投資選擇通常都侷限在雇主挑選的基金。

■ 員工未滿59.5歲前將錢提出，需要繳納罰款
（特殊狀況除外）。

IRA 個人退休福利帳戶

IRA個人退休福利帳戶幾乎跟一般的401（k）退休福利帳戶一樣，差別在於它通常不需要跟雇主綁在一起。任何人都可以到證券商開戶，存入稅前薪資。

401（k）退休福利計畫歸屬權期

有些雇主在它們的401（k）退休福利計畫中，設計了歸屬權期（Vesting）。歸屬權期員工在公司服務滿特定年限之後，就能擁有公司配比的資金。（詳見第57章）

歸屬權期的設立是為了鼓勵員工在公司服務的時間能長一點。

舉例來說，假設一個企業在投入的資金上有4年的歸屬權期規定，所以受雇勞工會以一年25%的比率，獲得資方繳款的歸屬權。

第一年：25％

第二年：50％

第三年：75％

第四年：100％

如果員工第二年就想離職，那他們只能帶走50％的公司配比資金。重要的是，歸屬權期不會影響員工的存款，只會影響公司配比。

美國各個企業的規定不同，在你報到入職前，務必詳細確認。（相關內容見第57章）

IRA個人退休福利帳戶的優點

存入IRA個人退休福利帳戶的資金可以先從稅前薪資扣除，這樣可以降低員工的應稅收入，也能達到即時節稅。如果沒有跟雇主綁在一起的話，也可以直接將資金從個人的銀行帳戶存入投資帳戶。

- 在帳戶中增加的資金一律免稅。
- 沒有收入限制皆可參加。
- 截至2022年，參加者一年的IRA帳戶存款上限為6,000美元；50歲以上的員工，IRA帳戶

存款上限為7,000美元。

■ 帳戶持有人可以投資的金融商品範圍廣泛。

IRA 個人退休福利帳戶的缺點

■ 從帳戶提領資金時需要繳稅

■ 投資人未滿59.5歲前將錢領出，需要繳納罰款（特殊狀況除外）。

羅斯IRA個人退休福利帳戶：羅斯IRA個人退休福利帳戶跟一般的IRA個人退休福利帳戶一樣，差別在於保留了稅務優惠。

羅斯IRA個人退休福利帳戶的優點

■ 在帳戶中增加的資金一律免稅。

■ 任何時候取出帳戶內的資金皆可免稅。

■ 截至2022年，參加者一年的羅斯IRA帳戶存款上限為6,000美元；50歲以上的員工，一年的帳戶存款上限為7,000美元。

■ 帳戶持有人可以投資的金融商品範圍廣泛。

■ 從帳戶中提出款項不用繳稅。

羅斯IRA個人退休福利帳戶的缺點

■ 存入羅斯IRA個人退休福利帳戶的資金通常都是從扣稅後的薪資中扣除；沒有跟雇主綁在一的人，則由他們的銀行帳戶匯款至羅斯IRA個人退休福利帳戶。

■ 有收入限制。高所得的人無法參加羅斯IRA個人退休福利計畫。2022年，夫妻調整後的總收入超過21萬4,000美元（單身者為14萬4,000美元），無法匯入資金到羅斯IRA個人退休福利帳戶。

■ 投資人未滿59.5歲不能提領任何投資獲利，違者需要繳納罰款（特殊狀況除外）。

下面是四大主要退休福利帳戶的概略比較圖：

	存入資金	提出款項	收入限制
401（k）退休福利帳戶	稅前	稅後	無
羅斯401（k）退休福利帳戶	稅後	稅前	無
IRA個人退休福利帳戶	稅前＊	稅後	無
羅斯IRA個人退休福利帳戶	稅後	稅前	有

＊視個人所得而定

　　還有許多稅務優惠的退休福利帳戶，例如：公立教育機構或非營利組職員工退休福利帳戶、國家或地方政府員工退休福利帳戶、扣除薪資簡化雇員退休金帳戶、簡化員工退休金帳戶、IRA簡易個人退休福利帳戶、節約儲蓄計畫……各退休福利帳戶在稅務優惠、規定與限制都有些微的不同。

401（k）是意外創造出來的

　　1978年，美國國會在美國稅法上做了一些改變，其中包括了一個條款，明確地來說，就是讓員工能將投資在股市的薪資延後扣稅的第401條K款。

　　泰德・貝納（Ted Benna），一位福利諮詢顧問與律師，發現第401條K款的條文語意模糊，足以適用在「節約儲蓄計畫」中。他發現雇主可以將稅前利潤分享計畫的好處，與「節約儲蓄計畫」的雇主配比結合在一起。

　　貝納說服他的老闆在1981年開始提供這項福利，自此資金就被挹注到401（k）退休福利帳戶。

　　截至2021年3月，美國人存了超過6.9兆美元的資金在401（k）退休福利帳戶。

第35章

有錢人才可以投資嗎？

投資常見的錯誤之一，就是預設自己需要準備很多錢才能開始投資。

數十年前，的確如此。現在，0元就能開立一個股票帳戶。

是的，0元。

許多證券商甚至不向客戶收取交易手續費，這代表不需任何費用，客戶就可開始在股市投資。

此外，許多證券商允許客戶購買股票的零股，意思就是你可以只買1/2股、1/4股，甚至1/10的股份。

結論就是：你不需要準備很多錢才能開始投資，就算只有10美元也可以開始投資。

第36章

投資工具怎麼選？

投資人有很多不同的方式可以將錢投入股票市場，有幾個標的可購買：

- 共同基金（Mutual Funds）
- 指數股票型基金（Exchange-Traded Funds，以下簡稱ETF）
- 指數型基金（Traditional Index Funds）
- 個股（Individual Stocks）
- 目標日期基金（Target-Date Retirement Funds）

以下是每項標的的優缺點：

共同基金：

共同基金就是將集合一群投資人的資金，由專業經理人管理、操作，可以投資的金融資產包括股票、債券或是貨幣。

共同基金的優點是能夠輕鬆地一次投資多種股票，有些共同基金的表現甚至比股市的整體表現好。

共同基金的缺點是，長期來看，大多數的共同基金的報酬率比股市的報酬率低，它們也比其他類型的投資商品貴，而且沒有稅務利益。

指數股票型基金：

即追蹤某個指數績效表現的基金，並且跟股票一樣可在交易所買賣。在美國，現已有上千檔ETF可以選擇。每一檔ETF都有自己的投資方式，藉以與其他ETF有所區別。有些追蹤個別產業走勢，例如：能源股與科技股；有的追蹤單一國家大盤，例如：日本、巴西、中國；而有的則是追蹤其他金融商品，例如黃金、房地產、債券。

ETF的優點是：購買容易而且提供即時的多元化投資標的，它們也可以提供投資人特定類別的投資策略。

ETF通常比共同基金便宜，它們的稅務利益也比較好，意思是，投資人購買ETF要繳的稅金比購買共同基金要繳的稅金低。

指數型基金：

指數型基金與共同基金非常相似，它們一樣都是向一群投資人募集資金，然後進行投資。不同在於，不做任何投資主觀判斷，更不靠經理人選股，而是完全追蹤某指數並跟隨該指數漲跌的投資產品，例如：道瓊工業平均指數或是標準普爾500指數。

指數型基金同樣也要遵循交易與特有的規範，它們不會在市場上交易。

指數型基金的優點是，它們的表現優於大多數的共同基金，投資金額比較低，稅務利益也比較好。

數十年來，指數型基金一直都受到投資人的極度喜愛。

個股：

有些投資人會選擇買賣個股。

投資個股的好處就是投資人能夠完全掌控自己的投資，如果買到好的股票，時間一久，它們的表現會比大盤好。投資人在買賣股票的時間點上也能完全掌控，所以他們對自己的繳稅金額也有較多的控制權。

投資個股的缺點是，投資人必須投入時間研究，

才選出他們想要購買的股票；投資人也要自己追蹤手上持股的走勢，來決定是否還要留著這檔股票。

目標日期基金：

目標日期基金的設計是為了滿足投資人的終生需求。這類型的基金是為了替投資人的退休規畫，提供簡單的投資管道而設立。

目標日期基金也就是所謂的「基金的基金」，它們本身持有許多其他的投資基金，每一個都有它們自己的風險承受度標的。

它們的運作方式是這樣的：每一檔目標日期基金都有預定的退休年份，例如，先鋒領航投資集團的「目標日期2045退休基金」（Vanguard Target Retirement 2045 Fund），就是為計畫在2045年退休的人所設計。

當距離目標日期還有數十年的時候，股市是這項基金主要的投資標的；當逐漸接近目標日期時，基金會將更多的資金慢慢移轉到較為保守的投資標的。雖然這會逐漸減少基金的報酬率，但同時也降低期滿贖回時，投資人的投資組合獲利大幅衰退的風險。

這項基金簡單易懂，使得它們成為投資人的熱門選擇。然而就像其他基金一樣，它們也有需要列入考慮的優缺點。

目標日期基金的優點是，它們極為簡單易懂，並且在長時間平衡風險與獲利上有顯著的成績。

目標日期基金的缺點是，它們的投資計畫都是預設，所以很可能會造成投資策略過於保守或是過於積極。此外，基金也會收取費用。

整體而言，如果你喜歡簡單的投資方式，目標日期基金會是個完美的投資選擇。

下表列出不同投資工具的優勢及劣勢：

	優點	缺點
共同基金	1. 即時的多元投資標的 2. 表現有機會優於市場 3. 選擇眾多	1. 多數共同基金表現不如指數型基金 2. 費用較高 3. 沒有稅務優惠
指數股票型基金（ETF）	1. 容易購買 2. 即時的多元投資標的 3. 選擇眾多 4. 費用便宜 5. 部分ETF有稅務優惠	部分ETF價格高昂
指數型基金	1. 即時的多元投資標的 2. 費用便宜 3. 表現優於多數共同基金 4. 稅務優惠	表現無法優於市場
個股	1. 選擇眾多 2. 表現有機會優於市場 3. 費用便宜	1. 非常耗時 2. 成果可能遠不如市場表現
目標日期基金	1. 容易購買 2. 即時的多元投資標的 3. 一生一檔	投資可能過於保守或過於積極

不要犯下數百萬美元的錯誤

　　有些投資人誤以為只要他們把錢投入401（k）、IRA，或任何形式的投資帳戶中，錢就會自動投資到股市裡，實際情況卻不是如此。很多時候，在帳戶持有人選擇資金的投資方式之前，投入的資金預設成做為現金留存在帳戶內，並沒有投入股市。

　　可惜的是，有些投資人長年不斷地將錢投入他們的退休投資帳戶中，後來才發現，長久以來自己的資金僅以現金的形式存在退休投資帳戶中，無形中錯失生涯中股市能帶來的股市獲利，甚至對此渾然不覺。

　　這可能導致錯失數百萬美元，千萬不要讓這種情況發生在你身上！務必確認所投入的資金會如何投資。

第 37 章

注意！吃掉複利的那些費用

投資人開始投資時，需要支付的費用主要有兩種：

交易手續費：每一筆交易所需要支付給證券商的費用。在美國，許多證券商都推出免交易手續費的活動，所以根本不需要支付交易手續費。

（編按：依臺灣政策規定，買賣股票須付0.1425％給券商；而每筆賣出須交0.3％的證交稅。）

內扣費用：又稱總費用率。如果你投資一檔基金，像是共同基金、ETF指數型基金或是目標日期基金，你可能會被收取一筆年度費用以維持這檔基金的運作。這個費用被稱為「內扣費用」，它是以資產的百分比計算。

假設一檔普通的共同基金的內扣費用為1％，這表示如果你投資1,000美元到這檔基金，你每年會被收取10美元來維持基金運作（＄1,000×1％）。

　　一年1％的內扣費用聽起來不算多，但是時間一久，累積起來就是一筆不小的數目。

　　ETF和指數型基金的內扣費用通常都比共同基金低得多。

　　有些指數型基金完全不需要內扣費用，所以你真的可以免費投資！

　　好消息是，投資所需的費用在過去幾十年間已經大幅降低了。

第 38 章

誰能打敗市場？為什麼連專家也辦不到？

　　根據標普全球（S&P Global）的報告，從2004年到2019年，超過89％的共同基金表現都不如市場的整體表現。

　　可以說，購買這些基金的投資人，如果買的是買指數型基金而不是共同基金，投資收益會更好。

　　你可能會有些納悶，共同基金是由專門研究市場的專業經理人所操作，怎麼可能還有這麼多共同基金的表現落後於大盤？

　　我認為這麼差的表現，共同基金本身的結構問題大過於專業經理人的問題。

　　原因如下：

本末倒置：大部分共同基金能夠賺錢是基於它們所管理的資產的美元總值，不是基於基金本身的表現，不論基金表現如何，擁有10億美元資產的基金能夠創造出的收益，是擁有1,000萬美元資產的基金的100倍。基於這個原因，基金經理人把大部分的時間花在說服投資人給他們更多的錢，而不是專注在最佳的投資策略。

　　職業風險：想要表現優於市場，共同基金的經理人就需要願意以新穎的方式投資。然而，當投資標的與其它的投資者不同，那就要有準備會承擔基金長期表現不佳的風險。如果一個經理人以不傳統的方式投資，結果基金表現不佳，就很難證明自己的做法正確，還可能鋪捲蓋。這樣的「職業風險」導致共同基金經理人循舊例投資，表現想要優於市場也就更難了。

　　費用：許多共同基金都是主動式管理，這代表一個人就可以做出所有的投資決定。共同基金經理人的薪酬很高，基金就必須收取額外的費用來支付他們的

薪資。2019年，共同基金的平均內扣費用是0.66％，遠高於指數型基金的0.13％。這個額外的費用拖累了投資人的收益。

被迫短期投資：許多投資人在短期內（一年或更短的時間）就會評斷他們的基金表現，如果共同基金在此時的表現不佳，有些投資人就會取回他們的資金。當這種情況發生時，不管想不想，共同基金經理都只好以低價出售股票。

當基金表現優異時，情況正好相反。投資人投入更多的錢到基金中，這使得基金經理人再怎麼不願意，也不得不以高價購入股票。這些情況都使得基金投資人就算想長期投資，也不得不改為短期投資。

被迫多元化：多元共同基金投資任何單一股票的金額，不得超過基金規模的5％。如果共同基金經理人非常看好某一個產業，但投資已經達到基金規模5％的上限，就算不願意，他們也不得不削減投資金額，改投資到其他地方。

規模：共同基金成功地吸引到許多資金。當基金規模成長時，經理人必須要做更大的投資；當基金規模更大時，它的買賣都會影響市場價格。所以，當基金規模成長時，共同基金經理人可能很難做出好的投資決策。

稅務：基金投資人要為成功的投資獲利繳稅，但是共同基金經理人不用，這等於變相鼓勵共同基金經理人忽視交易的稅務後果。

當這些因素全都加在一起，就不難理解為什麼大部分的基金表現不如市場。

不是因為共同基金經理人不夠聰明，而是共同基金的結構使得它們的表現難以比指數型基金更好。

基於這個原因，指數型基金是大多數投資人的最佳選擇。

第 39 章

買股之前，必須思考的
六個問題

投資人是否應該購買個股，在財經社群網站中早已經有諸多討論。

支持者指出，有許多理由可以說明擁有個股是合理的。

- 投資人可以全權掌控自己有什麼、有多少、缺少什麼，以及所有買、賣交易的時間點。
- 投資人可以充分利用他們的買、賣來將稅額減至最低。
- 如果投資人挑到了好股票，它們的表現會優於市場。
- 持有股票不會有額外的持續收取的費用。

這些都是合理的論點，然而，還是有許多理由說明為什麼投資人不該購買個股。

- 選股、審股、買股，是一個非常耗時的過程。
- 投資人需要學習會計、蒐集資料、分析資料、讀懂財務報表、判斷經營團隊、讀懂向證管會申報的文件，以及其他項目。
- 如果共同基金經理人操盤表現都無法優於股市，散戶又怎麼可能有機會？

如果你正在考慮購買個股，先問問你自己這些問題：

- 你是否享受研究個別公司的過程？
- 你是個有條理的人嗎？
- 你是否願意花時間研發一套系統，幫助你挑選好的投資標的？
- 你是否善於情緒控管？
- 當你犯下投資錯誤時，你是否願意認賠殺出？
- 你是否願意將你的投資結果與市場比較，來決

定你的系統是否有用？

如果你所有的答案皆為「是」，那你可能適合投資個股。

然而，如果你有任何一題的答案為「不」，那你就不應該購買個股。購買指數型基金或是目標日期基金會是比較好的選擇。

值得一提的是，這並不是個非黑即白的問題。許多投資人（包括我自己），將他們的資金分別投資在指數型基金**和**個股裡。

這個問題沒有正確的答案，也沒有錯誤的答案。最符合你的投資個性的，就是屬於你的最佳投資策略。（詳見第50章）

Part 8　重點看這裡

- 開始投資的第一步就是申辦投資帳戶。美國最新證券商名單請見書末〈推薦資源〉。
- 主要的兩種帳戶：應稅投資帳戶與個人退休帳戶。
- 不論有多少錢都可以開始投資。
- 投資有兩種費用：手續費與內扣費用。
- 投資股市最常見的方法是：共同基金、指數股票型基金（ETF）、指數型基金、個股、以及目標日期基金。每一種都有其優缺點。
- 絕大部分的共同基金長時間的表現都不如市場，這是因為本末倒置、職業風險、費用、被迫短期投資、被迫多元化、規模、與稅務。
- 如果你對研究及購買個股有興趣，就去做；如果不是，就好好地鎖定指數型基金與目標日期基金。

PART 9

理專教戰守則

將財務人生託付給他人（或機器人），是一件大事。
在長達數十年的投資之路上，你該如何找到可信賴的
專家？

第 40 章

理專不會帶你上天堂

現在要找個理專比以前容易多了。網路上充滿各種免費的線上資源，為大眾解答所有想得到的金融問題。

但是，這並不代表你不需要考慮跟**理財專員**合作。

下列是理專能為你提供更多附加價值的服務。

- 協助你處理過多的資訊。
- 為你安排投資事宜。
- 為你的投資提供第二意見。
- 防止你衝動做出財務決定。
- 協助你規畫投資計畫。
- 為你聯繫專精稅務、保險、房地產，以及其他領域的財經專業人士。
- 以大局為重。

- 模擬各種狀況，幫助你做出更好的決定。

- 讓你安心。

- 協助你判斷你是否走在達成目標的正軌上。

- 協助你做出人生重大的決定。

- 協助你做出與社會福利、醫療，以及投資組合贖回相關的退休決定。

當然，跟理專合作也是有缺點的。

- 他們的費用可能很高，取決於他們的收費標準。

- 很多理專在法律上不具**受託人**（fiduciary）責任，意思是他們沒有法律義務要以投資人的利益為優先。

- 很多理專其實就是銷售員。

> **理財專員**是從全方位協助你財務事宜的專業人士。好的理專在房地產、財務、保險、投資、退休等各種規畫，都能提供協助。
>
> **受託人**是指個人或機構為他人利益辦事時，在法律上有義務將客戶的最大利益置於自己的利益之上。

你是否需要聘用理專，關鍵就是這個問題：

你是否準備好、願意，並且能夠花時間學習成為自己的理專？

如果答案是肯定的，那你可能不需要聘用理專。如果不是，聘用理專也是合情合理。

好消息是，這並不是一個是非題。你可以靠自己處理大部分的投資事宜，當你覺得需要有人來協助你處理不擅長的問題時，你可以再聘用理專。

第 41 章

是業務員，還是真的專家？

　　如果你選擇跟理專合作，找到好的理專是**非常重**
要的。很多不是財經專家的人都自稱是「理專」，實
際上他們只是想要推銷金融商品的業務員。

　　以下是一些可以找到值得信賴的理專的方法

■ 請親友介紹。

■ 請你認識而且信任的會計師、稅務專業人士與
　律師介紹。

■ 可參考以下網路工具：garrettplanningnetwork.
　com、financialplanningassociation.org 與 napfa.
　org。

■ 許多大型的投信公司（先鋒領航集團、富達投
　資、嘉信理財集團），都有提供財務規畫的服
　務。

當你有了理專的名單，要從其中挑選至少三位聯絡與面談，再用下一章列舉的所有問題來甄試他們。選擇你覺得最適合你的那位。

第42章

合作前，理專該回答的十個問題

聘用投資顧問是一件大事。你將你的財務人生都託付給他，所以在選定人選前務必經過面談。

下列是詢問潛在的理專的問題清單：

1. 你是財產受託人嗎？

身為「受託人」意指，法律上理專有義務以客戶的利益為優先。如果他們的答案為「否」，就不要聘用，此外，要確認他們在自己的各項業務都是財產受託人。

2. 你是否有產業資格認證？

許多證照是可以透過持續的教育課程而獲得的。如果當中有人擁有「認證理財規畫顧問」（Certified

Financial Planner，CFP）或是「特許金融分析師」
（Chartered Financial Analyst，CFA）的證照，這是
一件很好的事，若是他們提到其他證照，上網查詢那
些證照的類別，找出他們專精的金融領域。

許多證照需要隨著時間換發，要確認它是否仍有
效，可以上核發證照的主管機關網站查詢；若是失
效、停用，就要找出為什麼。

3. 你的薪資從何而來？

這是你可以問的最重要問題之一。但是，許多理
專不會跟他們的客戶談論這件事。

理專可以得到報酬的方式如下：

■ **管理資產的百分比**：理專是從他們替客戶管理
　的資產總額中獲得報酬，業界的標準大概在資
　產總額的0.50％到1.25％之間，例如，1％的
　資產管理費意思是，理專每年可以從他們管理
　的每10萬美元中，獲得1千美元的報酬。當為
　客戶管理的資產增加時，有些理專反而會收取
　較低的費用。

- **諮詢費**：費用是以每小時計算。理專普遍收取每小時100美元到400美元的諮詢費用。

- **固定費用**：每項服務都要收費。舉例來說，一套完整的財務規畫可能要收取1,500美元到3,000美元。

- **佣金**：當買、賣一項金融商品後，理專都可以得到一筆佣金，通常是商品價值的3%到6%。

- **績效費**：當特定的財務表現達標時，會向客戶再收取一筆額外的費用。舉例來說，如果投資組合表現優於產業基準，就會收取0.10%到0.75%的費用。

常見的理專收費方式：

- **只收取固定費用**：這表示理專只能從客戶身上得到報酬，銷售任何特定金融商品並不會得到報酬。基於這項協議，客戶通常只需支付理專管理的資產的百分比費用。理專提供的服務可能也會以按時計費或是固定費用的方式收費。

- **分潤**：這表示理專可以從客戶身上得到報酬，也可以從販售特定金融商品上獲得佣金。這可能包括人壽保險、年金保險、共同基金或是其他類型的投資。
- **只收取佣金**：有些理專不會向客戶收取任何費用，他們只收取銷售商品的佣金。

在理想的情況下，你會想要跟只收取固定費用的理專合作。

4. 你能提供什麼服務？

對方將協助你投資、房地產規畫、保險規畫嗎？在決定聘用之前，務必先了解其所提供的服務內容。

5. 你的投資哲學是什麼？

好的理專會長期投資，他們購買資產，然後長期持有，他們不買賣，不嘗試波段操作。

如果理專告訴你，他們的策略是炒短線，趕快離開他們。

問他們是「主動」投資（共同基金）還是「被

複利是一把雙面刃

　　當複利為你效力的時候，它就像「神奇艾莉」（Amazing Ally）玩偶，但是，當它跟你唱反調時，它就像是你的天敵。

　　當你有卡債時，複利就會跟你唱反調。信用卡公司利用複利來計算你的卡債，信用卡的循環利率最高可以超過20％，因此你的卡債會快速增加。如果你正處於這個情況，還清卡債是當務之急。

　　另一個複利會跟你唱反調的情況就是理專的費用。1％的管理費聽起來不多，但是時間一久，它會累積為成千上萬的費用；總之，如果你的投資組合結餘成長至100萬美元，那麼每年1％的費用就是1萬美元。

動」投資（指數型基金）？

　　問他們是否推薦購買股票和債券之類的個別金融資產，或是守著基金就好。

6. 我們多久聯絡一次？

每個人各有喜歡的聯絡方式和需求。有些人想每個月跟理專交談，有些則一年只需聯絡一次。頻率雙方達到共識就可以。

7. 我們多久見面一次？

一開始當你們還在熟悉彼此的時候，多見幾次面是正常的。當你的帳戶已經設定好且開始使用時，一年見一次就好。

8. 你是否有最低投資金額限制？

有些理專只願意與有一定投資金額的客戶合作。舉例來說，有些理專可能只願意接受投資金額至少50,000美元以上的新客戶。初次見面前就要確認過這點。

9. 你如何衡量財務表現與投資？

問他們對於你是的財務成功，他是用什麼指標來衡量。理想地說，這將由你是否順利地達到你的財務目標來決定，同時也可以用身為客戶的你的滿意度來

決定。

10. 你們是否有團隊能幫助你管理我的財務？

有些財務股問會一手包辦所有的工作，其他的則會與團隊合作。先了解他的工作模式，如果他是與團隊合作，你可以提出跟團隊其他成員見面的要求。

第 43 章

合作時，聰明投資人
該自問五個問題

　　如果你已經開始跟理專合作，弄清楚跟自己合作
的是優秀的理專，還是只是銷售員，這是很重要的。

　　你可以問問自己這些問題：

1. 他們是否曾經跟你討論過他們的收費？

　　我問每個跟理專合作的人第一個問題是：「理專
如何得到報酬？」很多時候，客戶一點概念也沒有，
因為這個話題從來沒有被討論過。

　　你能不能想起任何一次你接受了服務，可是卻不
知道自己被收了多少錢？如果這聽起來很瘋狂，那是
因為它確實是！

　　如果你的理專還沒有跟你說明他們的收費方式，
你要立刻問清楚。如果他們說的吞吞吐吐，這就表示

你正在跟一個信用欠佳的人合作。

2. 當他們跟你聯絡時，你覺得他們是在為你解惑，還是讓你一頭霧水？

好的理專就像是老師，他們有廣泛的金融知識，同時也經常教導客戶最佳的理財方式。

壞的理專只想盡可能地從客戶身上搾取費用，他們經常使用業界的行話讓客戶感到困惑。如果跟對方見面只讓你更困惑，最好另請高明。

3. 他們是財產受託人嗎？

如果他們不是財產受託人，不要聘用他們。就這樣。既然負受託人責任的理專，你何必非要找沒有資格的？

4. 他們是否如你所希望的經常跟你聯絡？

如果是，那很好。

如果不是，那就值得你花時間再找另一個理專了。

5. 在他們的管理下，你的資產表現如何？

這題可能有點棘手。客戶以資產結餘是否有增加來評斷理專是否稱職是很常見的，然而他們的表現卻不是這樣評斷的。

想一想：如果股市從你雇用他開始上漲了100％，但同時期你的股市投資只上漲了50％，這個理專的表現算好嗎？不好！如果你把所有的錢都拿去買一檔指數型基金都還比較好。

相反的，如果整個股市從你跟理專開始合作起下跌了20％，而你的股市投資只下跌了10％，那他們的表現可以算很好的。

你不該在平行時空裡看你的投資組合表現，你需要用適當的市場基準來比較。

要找到市場基準可能不太容易。如果你大部分的資產是現金和債券，你就不能拿你投資組合的表現跟標準普爾500這種綜合指數型的基金相比，這就像是拿馬跟特斯拉比一樣。

你的理專應該很輕鬆就能為你做到這件事。他們應該要能以淺白的用語，說明為什麼你的投資組合報酬比例跟市場的不同。

如果他們做不到，換！

不幸的是，要換個理專也不是那麼容易。許多不良的理專販售不易移轉的基金，而且他們可能也會跟你收取中止合作的費用。

在你要中止合作之前，務必確認你了解所有需要支出的費用，你也可以試著跟理專協商，看看是否能夠降低你的費用。

如果離開太不值得，可是合作又不愉快，那就停止投入新的資金。

第44章

機器人會比專家厲害嗎？
有哪些優點？

網際網路催生出新型態的理專：**機器人理財**（robo-advisors，又稱智能投顧）。

許多機器人理財藉著投資一檔或是多檔指數型基金，讓事情簡單化，機器人理財也會隨著時間微幅更動客戶的投資組合，確保不會偏離投資目標、並預測風險，許多機器人理財也會調整投資組合以儘量減少稅收。

比起真人理專，機器人理財能提供一些較大的好處，最大的好處是便宜。許多機器人理財會從客戶帳戶中的年度結餘收取0.2%到0.5%的內扣費用，不到真人平均費率的一半。

> **機器人理財**是網站或應用程式，提供客戶自動化、由演算法驅動的財務規畫服務。

機器人理財的最低投資金額通常不高，幾乎人人都可使用。

使用機器人理財的唯一缺點是，當你有特定的問題要問時，沒有人可以跟你洽談。

部分機器人理財提供用戶能使用電子郵件，或是可以與網站管理者通話，但這些都是需要額外收費的服務。

本書出版時，最受歡迎的機器人理財有：投資軟體Acorns、美國第一家機器人理財公司Betterment、Bloom、投資軟體M1 Finance、線上資產管理公司Personal Capital、自動化投資服務公司Wealthfront。

機器人理財越來越受到投資人的喜愛，尤其是千禧世代，可是它們仍然算是新型態的投顧系統，沒有長期的績效可供參考。

如果你有興趣採用機器人理財，請全盤了解它們運作的細節再開始投資。

Part 9 重點看這裡

- 理專是個可以全方位協助你財務事宜的專業人士。
- 你是否需要聘用理專，關鍵就是這個問題：你是否準備好、願意、並且能夠花時間學習成為自己的理專。如果沒有，那就要考慮聘用一個。
- 請你的親友、會計師、稅務專業人士與律師介紹。
- 使用 garrettplanningnetwork.com、financialplanningassociation.org 與 napfa.org 網站選找理專。
- 詢問與你會面的理專是否為財產受託人。如果不是，換！
- 在你成為他們的客戶之前，確認你了解理專的收費方式，理想是只收固定費用。
- 機器人理財提供自動化的投資建議。作為投資工具有許多優點，但是它們仍然是新型態的投顧系統。

PART 10

投資人該避開的
思考誤區

我們已經知道，專家十個有九個都無法勝過大盤；

而勢單力薄的散戶，用的是自己的錢，多半經不起一

次慘重失誤。

我們該避開哪些迷思，才能避免被掃地出場？

第45章

經濟不景氣，該持有現金？

時間回到2008年9月，美國金融危機發展得更險峻的時候。

新聞指出大型銀行如華盛頓互惠（Washington Mutual）、貝爾斯登（Bear Stearns）、雷曼兄弟（Lehman Brothers）紛紛宣告破產倒閉，法拍屋數量暴增，股市暴跌，失業率竄升，消息一天壞過一天，全球經濟大衰退，世界各國難以支付債務，信用凍結，銀行停止貸款業務，經濟活動逐漸停止，每個人都擔心自己會失業，401（k）退休福利帳戶結餘創下歷年來的新低。如此糟糕的情況迫使美國政府不得不投入數千億的資金來挽救經濟。

這種情況下，你還有興趣購買股票嗎？

對大多數的人而言，答案是否定的，他們因為恐懼而綁手綁腳。

然而，最好的投資時機通常是經濟表現最糟糕的時候。

因為很重要，所以要再說一次：

最好的投資時機通常是經濟表現最糟糕的時候。

不相信？標準普爾500指數報酬率最高的時候，失業率超過9％。

標準普爾500指數報酬率最低的時候，失業率低於5％。

這怎麼可能？

當失業率高的時候，股市會大幅下跌，這代表本益比減少，股票便宜；股票便宜，未來的獲利就會比較高。

完全相反的情況也是如此。當失業率低的時候，投資人會開心，本益比就會增加，股票就會變貴；股票變貴，未來的獲利就會比較低。

這就是為什麼當經濟不景氣的時候，停止投資是一種錯誤的想法；事實上，你應該加碼投資。

第46章

想買低賣高？波段投資人得猜對兩次

　　2000年1月到 2020年6月，標準普爾500指數從1,469點上漲到3,756點，獲利高達156％，然而，這個高獲利得來不易。

　　2000年1月，標準普爾500指數從1,469點開始，接著受到90年代末的網路泡沫化影響而大跌，到2003年3月已跌至只剩789點。

　　2003年到2007年，股市強力反彈，到2007年 9月，標準普爾500指數站上了1,576點的高點。

　　不久，次級房貸風暴與金融危機接連出現，股市暴跌，到2009年3月，標準普爾500指數跌至667點。

　　自此，標準普爾500指數強力反彈，到2020年12月上漲到3,756點。（見圖10.1）

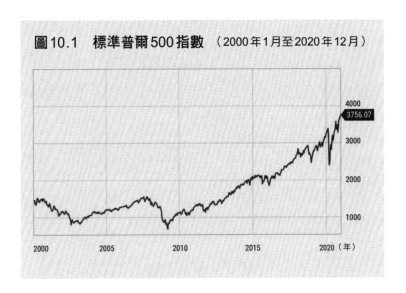

圖10.1 標準普爾500指數 （2000年1月至2020年12月）

　　在股市大跌之前把股票賣掉，等股市跌至谷底時再買進，這樣不是很好嗎？如果做得到，你的獲利一定非常可觀！

　　許多投資人嘗試預測股市的高點與低點，這就是所謂的波段操作。只要回顧歷史股價，很容易就能看出高點與低點，這個邏輯聽起來相當誘人。

　　很可惜，現實是不可能看出高點跟低點在哪裡，因為股市何時站上高峰，何時觸底，沒辦法看出來。

　　這是因為短期來看，**股市的價格操控在投資人的集體情緒反應**。

這聽起來像是可以預測到的事情嗎？回顧標準普爾500指數從1982年3月到1996年12月，從113點走揚來到741點，過程稱不上順利，但卻是連續14年的股市上漲。（見圖10.2）

股市站上高峰了嗎？會這樣想也是合理的。股市連續14年上漲！想必是高點。

假設你相信這是股市高點，因此你決定出售所有的股票。

這是個好主意嗎？且看一年後的1997年12月，標準普爾500指數再創新高，來到962點！如果1996年底你就把股票都賣掉，你將錯過一大筆獲利。

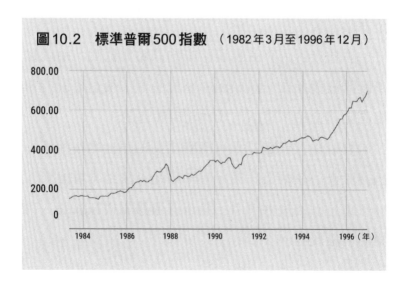

圖10.2　標準普爾500指數 （1982年3月至1996年12月）

如果到這時才認為股市來到高點，也合理。股市連續15年上漲！是的，接下來一定很快就要崩盤了。

你應該可以猜到接下來的情況。到1998年12月，標準普爾500指數再度創下1190點的新高！如果你在1996年底出場，你將損失一年可觀的獲利！

你可能會認為現在絕對就是市場的高峰了，股市已經連續16年上漲了！

結果1999年12月，標準普爾500指數的價格是多少？1,469點！又是一個歷史新高。

問問自己：在1996年就因為市場榮景而樂不可支的你有什麼感想？別忘了，你會因此錯失好幾年可觀的市場獲利。

你可能會責怪自己，如果你當時把股票放著不管，不做波段操作，獲利將會更高。但是，讓我們假設你運氣很好，波段操作也得心應手，你在市場最高點時獲利了結。

這又產生另一個問題：你怎麼知道何時是再度進場的最佳時機？

等股市下跌10％以後嗎？

15％？20％？30％？50％？

假設你告訴自己，等股市跌了30％，你就再度進場。如果股市只跌了28％，然後就反彈回升？你現在打算怎麼做？

繼續等到它跌？

這就是波段操作會遇到的真正問題：你必須要猜對兩次。你必須要能在市場大跌之前把股票脫手，還要能在市場反彈之前再次進場。你覺得這是你在現實世界中能做到的嗎？我就做不到！

當你回顧股市歷史，波段操作是如此容易；當你試著想在現實世界執行波段操作時，卻是困難重重。

好消息是，你根本不需要波段操作，如果你規律投資並且長期持有，獲利表現良好是很有可能的。

第 47 章

雞蛋水餃股的
迷思。價格會說話

　　當我開始投資時，我對「雞蛋水餃股」（penny stocks，仙股）很感興趣。當時我只有數百美元可以投資，我覺得買個數百股市價低於 1 美元的股票，會好過只買一、兩股市價 50 美元的股票。

　　我使用簡易的股票篩選器去找市價低於 5 美元的股票，很快地，我就發現全美航空（US Airways）每股的交易價格只要 1.13 美元。既然我以前搭過全美航空，而且它的股價又這麼低，我認為是個不錯的投資。

　　就在幾天後，全美航空的股價跌至每股 0.75 美元，我頓時壟罩在恐懼之中，所以我把它賣了。

　　我很想跟你說這只是單一事件，但它不是。我買了好幾檔雞蛋水餃股，我的錢很快就有去無回。

我只是運氣不好嗎？我不這麼認為。我後來才學到，股票的每股股價其實一點意義也沒有。有沒有1,000股股價1美元的股票根本不重要，重要的是你投入了多少資金到一家公司，以及這家公司的股票是否值得擁有。

　　我同時也學到，好的公司不會想讓自家的股價掉到每股低於5美元。低股價傳遞給投資人的訊息就是這家公司出了問題；低股價代表這家公司可能沒有獲利、現金不足、前景堪憂、即將被競爭者取代，或是正面臨其他困難。

　　一般而言，如果股票的交易價格低於5美元，這家企業的營運很可能出了問題。

　　你最好避開它，另尋投資標的。

第48章

小賺就好？
別讓情緒擋住了美好前景

　　2004年到2005年，我在糖尿病業界中的一家公司上班，這個經歷給了我許多跟糖尿病患者用來控制他們血糖值的眾多產品相關的第一手資訊。

　　2006年，我得知一項讓糖尿病患者能夠更容易、更精確地管理自己的血糖值，名為「連續血糖監測」（Continuous Glucose Monitoring）的新科技即將問世。

　　在這個快速成長的產業中，搶得先機的是一家名為**德斯康**（Dexcom，NASCAQ: DXCM）的小公司。我相信這家公司有極大的潛力，所以在2007年，我以每股6.67美元的價格，買了這家公司幾百股的股票。

　　我的預測最後成真了。「連續血糖監測」這項科

技在糖尿病患者間大受歡迎，德斯康依然是業界的領頭羊，股價也隨之大漲，到了2020年，德斯康的股價已經來到了403.67美元。

不幸的是，我並沒有享受到高獲利。我在2007年，以每股7.69美元出脫了我所有的德斯康股票。

如果我知道這家公司的潛力無窮，為什麼我還要把股票賣掉？因為我當時急著獲利了結，看到股價上漲，就把股票全部變現。

我很想跟你說我當下就從我犯的大錯中學到教訓，但這是騙人的，其他許多極佳的投資，我也都早早就賣出，因為我急於停利。

自此我學到了，如果一項投資正在上漲，而且前景看好，千萬不要急著賣出。早早就出售表現極佳的投資，是投資人會犯下的最糟的錯誤之一。

第49章

只看殖利率？
存股族的最大風險

我第一次知道股息殖利率的時候非常興奮。我快速地做了一些研究，找到了一些股息殖利率有10％、15％、甚至20％的股票！

我告訴自己：「我應該買我所能找到的，股息殖利率最高的股票，就算股價沒漲，也能賺到高報酬。」

我真的這麼做。然後，就跟許多我靠第一直覺所做的投資一樣，這個策略讓我的錢最後全賠光。

當時我沒有弄清楚的是，**股息殖利率不是保證**。因為股息殖利率是以現金形式是發放，只有體質強健的公司能夠負擔。

當一家公司有非常高的股息殖利率，假設超過5％好了，這通常是因為它的投資人擔心這家公司無

法發放股息，這份擔憂導致股價下跌，因而造成股息殖利率上升。

股息殖利率計算方式：現金股利／股價（詳見第32章）。如果因為公司營運出了問題，而造成股價下跌，那股息殖利率就會變得更高。（見圖10.3）

圖10.3　高殖利率就是好？

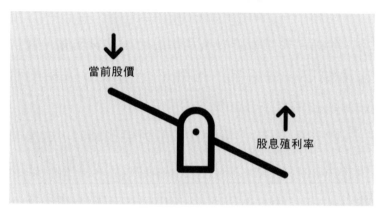

當我還是個投資新手的時候，我不懂這些，我以為買進有最高股息殖利率的股票是個萬無一失策略，事實上，這個風險非常大。我購買的有些公司因營運狀況不佳，而無法支付股息。因此這些公司在我購買股份後停發股息，進而導致股價下跌。

這真是雪上加霜！我不僅拿不到股息，甚至連股

價都下跌了！（價差也沒有賺到）

如果你還在想著：「我應該買我所能找到的，股息殖利率最高的股票。」我勸你再想一想。記住：**股息殖利率不是保證**。

Part 10　重點看這裡

- 如果在繁榮與蕭條的時候你都有投資，那麼時間一久，你應該會有不錯的報酬率。不要因為經濟不景氣就停止投資，其實這可能是最佳的進場時機。
- 股市高峰或是谷底都沒有神奇的信號，所以不要嘗試波段操作。
- 記住，短期來看，股票的價格操縱在投資人的集體情緒反應。這是你能預測到的嗎？
- 如果股價低於 5 美元，這家公司可能有點問題，你最好避開這家公司、另尋標的。
- 投資不要急於獲利了結，因為它會上漲。投資人常犯的錯就是太早賣掉好的投資標的，因為急於獲利了結。
- 不要買你所能找到的股息殖利率最高的股票。很多時候高殖利率透露了，一家公司可能無法再支付股息的警訊。股息殖利率不是保證。

Q&A

提升市場洞察力，你該一次釐清的投資觀念

第 50 章

資產配置，
找到你的最佳組合

　　鬆餅是由一些基本原料：雞蛋、牛奶、泡打粉、麵粉、糖、油、鹽製成，但你不可能把原料隨便放進碗裡，就期待會出現好吃的鬆餅，每樣原料的比例都要很精確，否則鬆餅就會很難吃。

　　你的投資組合配置也是同樣的道理。一個好的投資組合是由各種比重正確的資產組成，以符合投資人的需求。

　　找到正確的投資組合，有個華麗的名稱：**資產配置**。每個投資人都有自己獨有的投資目標、風險承受度與投資期限。資產配置的目標就是優化投資組合的風險、報酬動態，以符合投資人的需求。

> **資產配置**是依據投資人需求來優化投資組合中各個資產的策略，藉以平衡報酬與風險。

廣義來說，投資組合是由三種主要的金融資產所組成：

- **股票**提供投資人最高的長期報酬，卻也是最容易波動的資產。
- **債券**帶給投資人的報酬比股票低，也比較不容易波動。（詳見第 54 章）
- **現金**帶給投資人的報酬非常少，但不會波動。

如果有個投資人是個風險趨避者，而且投資期間也短，在組合中配置較多的現金與債券有其道理，預期收益相對低，但是投資人現金周轉靈活。

如果有個投資人想要有高報酬，而且投資期限也長，在投資組合中提高股票比例是好選擇，投資組合的波動會比較高，但是長期下來，投資人會有不錯的報酬。

只要有在投資，就有責任找出最符合自己需求的資產配置。

一般而言，越年輕的投資人應該要越積極；越年長的投資人應該要保守一些。然而，每個投資人都不一樣，有些投資人能夠承受市場波動；有些投資人只

要自己的資產組合價值掉了一點，晚上就輾轉難眠。

有一種根據年齡的配置方式如下。得出來的答案就是投資人應該在資產組合中配置多少比例股票的建議數字。

股票佔比＝110－投資人的年齡

例如，如果你30歲，那你的目標應該是在你的投資組合中配置80％的股票（110-30=80）。

如果你60歲，那你應該在你的投資組合中配置50％的股票。

當然，有很多因素會影響這個數字，如果你不想要波動性，多投資一些債券；如果你想要能得到的最高報酬，多投資一些股票。

好的理專可以幫助你找出你的資產配置應有的組合。

第 51 章

多元化投資，
雞蛋不放同一籃

有句話說：「雞蛋不要放在同一個籃子裡。」意思是，如果籃子發生了狀況，你不會失去所有的雞蛋。

投資人可以用同樣的邏輯，避免自己的投資組合遭受損失，投資人可以採取的重要方式就是**多元化投資**。

多元化投資可以指投資人持有許多不同類型的資產（股票、債券、大宗物資、房地產、貴金屬），也可以指投資人擁有的股票來自不同產業（科技業、媒體通訊業、醫療業、工業、能源業、房地產業等）。

一個多元分配完善的投資組合可以幫助投資人平衡報酬。當其中的一些

> **多元化投資**是指投資人持有種類眾多的資產。

資產表現不佳時，其他的資產可能表現良好，兩者互相抵銷，產生令人滿意的整體報酬。

只要配置完善，多元化的投資組合確實可以降低投資人的風險，並且提供更高的報酬。

然而，多元化投資也是有缺點的。持有越多的資產，在管理上需要耗費的時間就更多，同時，如果一項資產表現極為優異，它也只佔投資組合的一小部分而已，投資人不會從中獲益太多。

適當的多元化投資就是處理權衡取捨，投資人應該謹慎看待多元化投資。

第52章

再平衡，幫助你管理風險

想像一個投資人有10萬美元的投資組合，投資人決定將一半的資金購買股票，一半的資金購買債券。

投資人的資產投資組合看起來會是這樣：

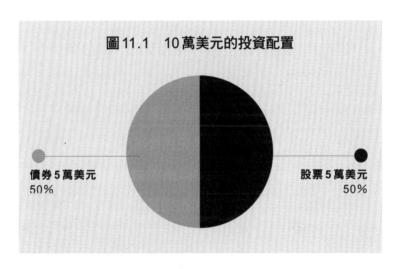

圖11.1　10萬美元的投資配置

債券5萬美元
50%

股票5萬美元
50%

幾年後，這個投資組合的價值上漲到20萬美元，但是股債比變成70：30，而不是對半，此時的投資

組合配置圖如圖11.2：

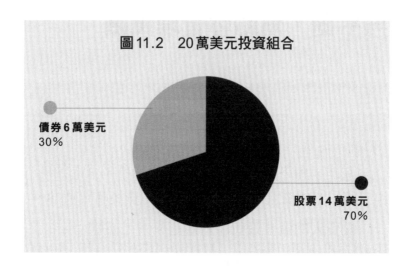

圖11.2　20萬美元投資組合

債券6萬美元
30%

股票14萬美元
70%

　　這種情況我們稱之為「失去平衡」的投資組合，意思是這個投資組合的配置跟投資人一開始預期的不同，會出現這種情況是因為資產以不同的速率成長，在這個例子中，這位投資人的股票成長速度比債券快得多。

　　要回復這個投資組合的原始狀態，就需要**再平衡**（rebalanced）。在上面的例子中，這位投資人需要賣出價值4

再平衡就是指把投資組合重新平衡一次。投資人從風險控制的角度去管理風險，避免投資組合過度依賴單一金融商品。不少人會大約一年讓自己的投資組合再平衡一次。

萬美元的股票，再用這筆收益買入價值4萬美元的債券，就會讓投資組合回到原始的狀態。

經過再平衡後，投資組合配置圖會是這樣：

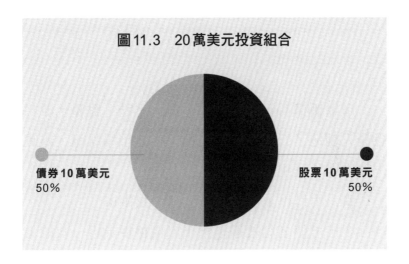

圖11.3　20萬美元投資組合

債券10萬美元
50%

股票10萬美元
50%

雖然沒有明確規定投資組合多久需要再平衡一次，但是許多理專建議最好定期再平衡你的投資組合，例如，有些投資人喜歡每年再平衡一次自己的投資組合。

投資人要妥善地對資產配置進行風險管控，就一定要一段時間執行。

第53章

什麼是牛市？什麼是熊市？

　　市場價格有三個走向：上漲、下跌、盤整。雖然投資人創造了三個通俗的名稱來描述市場狀況，事實上與市場狀況相關的通俗名稱有四個。

　　當市場價格上漲，投資人稱之為**牛市**。

　　牛市這個名詞普遍是指市場價格從最近一次的低點反彈上漲20％或更多，並且預期會持續，牛市持續時間通常很長。之所以用牛市命名，是因為公牛的攻擊動作是用牛角往上頂，有如股市行情往上。

　　牛市通常在市場價格低迷時期結束後開始出現，牛市持續的時間差距非常大，有時甚至可以持續數十年。

　　當市場價格大幅下跌時，投資人稱之為**熊市**。

> **牛市**就是市場價格持續上漲。又稱多頭市場。
> **熊市**是指當市場價格跌幅達到或超過20％並持續一段時間。

熊市持續的時間有長有短，歷史上有些只持續短短數個星期，也有些一出現就是好幾十年。熊市是從熊攻擊獵物的方式（將熊掌向下橫掃）而得名。

另一個經常用來描述市場價格下跌的名詞是：**修正**。

股市修正的時間不會太長，大約只會持續幾個月左右。

當市場價格相當穩定，投資人稱之為**盤整**。

牛市、熊市、修正、盤整市場，普遍都與股市相關，但同樣也會發生在其他類型的市場。債券、利率、原油、貴金屬、加密貨幣、房地產，以及其他類型的市場，都會出現牛市、熊市、修正、盤整市場。

修正是指市場價格從最近一次的高點下跌 10%或更多。**盤整**是指市場交易價格連續長時間只有小幅度的波動。

第 54 章

債券有什麼用？

你想要買房子，可是你手上沒有數百萬的現金，你會怎麼做？

對大多數的人而言，答案就是去銀行辦貸款。

當企業或政府需要錢時，它們也是做同樣的事，只是，它們不稱之為貸款，它們稱為**債券**。

債券也被稱為「固定收益」的金融商品，因為債券持有人以固定的利率賺取利息。

債券有許多種，主要分為四大類：

- **政府機構債券**：美國政府贊助的相關機構，或者政府支持相關政策推行所發行的一類債券
- **公司債券**：由企業發行
- **政府公債券**：由中央政府發行

> **債券**就是由企業、政府、或其他機構發行，並且出售給投資人的債務證券。

- **市政債券**：由地方政府發行

每一種債券的詳細內容都是獨一無二的，但是它們都必須載明下列的資訊：

- **票面利率**：債券利率
- **付息日**：債券支付利息的日期
- **面值**：債權持有人所擁有的金額
- **發行價格**：債券當初發行的價格
- **到期日**：債券償還本金的日期

債券普遍被視為比股票風險更低的投資，因為它們的「排行」在股票之前。意思是如果破產的話，債券是首要清償的對象。

儘管債券的價格有漲跌，但是起伏比股票小得多，對於不想要價格大幅震盪的投資者來說，是存放金錢的好地方。

然而，較小的震盪，換來的就是較小的報酬率。

第55章

定期定額投資法，設定好就丟到腦後

你可能聽過這句老話：買低賣高。

理論上，這句話聽起來很容易，也很合理；現實中，它就跟嘗試波段操作一樣，正如我們在第45章討論過的一樣，波段操作是一件極為困難的事。

這裡有一個可以讓投資人完全忽略波段操作的買進策略：**定期定額投資法**。

舉例來說，有個投資人決定每隔兩周就投資一筆錢到標準普爾500指數基金，不論標準普爾500指數是漲還是跌，這位投資人都會買進基金。

這個策略十分完美，因為不用思考、不用猜測、不用懷疑，投資人不是買在高點，就

> **定期定額投資**就是在固定時間用固定金額買進金融資產，不論買進的價格高低。

是買在低點，既然美國股市會隨著時間成長，照著這簡單的策略走，投資人很可能就會有可觀的獲利。

大部分的401（k）個人退休福利計畫就是設計要來利用定期定額投資的優點，每到付款期，錢就會進入市場，省去了投資時的各種猜疑。

還記得在第一章提過的亞倫嗎？他能夠將每個月的400美元變成超過300萬美元，其中很大的一個原因是因為他利用了定期定額投資的優點。亞倫根本不需要看他的帳戶對帳清單，他只需要申辦帳戶，然後就可以將它拋諸腦後了。

這就是定期定額投資的力量。

第56章

員工認股計畫是福利，
但也有缺點

　　回顧第31章，娜塔莉、伊森、蘿倫決定讓他們的員工也能成為貝斯特咖啡的股東。為了留才、提振組織士氣，並激發員工對於維持公司營運成長更有動力，那麼讓員工成為股東不失為一個好方法。

　　這三人要如何激勵員工們投資貝斯特咖啡的股票呢？

　　其中一個方法就是設立**員工認股計畫**（ESPP）。

員工認股計畫允許員工每月定期從薪水撥款，來購買公司的股票，方式近似跟 401（k）個人退休福利計畫。扣除的薪資會在數周或數月後加總，定期轉換成公司股票。

　　這個計畫的詳細內容每個公司都不同，有些公司雇主允許員工以低於市價的折扣購買公司股票，折扣可多達15％，有些員工認股計畫還有回溯條款

（look-back provision），也就是說，員工可以在開放認股期間，以該股票最低的市場價格為基準來購買股票。

舉例來說，假設一家公司的股票，1月1日每股成交價為10美元，到了6月30日，每股的成交價漲到了15美元。如果員工認股計畫的折扣為15％，而且也有回溯條款，那麼員工就能以每股8.50美元（每股最低市場價格再折扣15％）的價格購買公司股票。

如果這個計畫聽起來很不錯，那是因為它真的很不錯。如果你認為你的公司前景看好，以折扣的價格購買公司的股票是個聰明的選擇。

然而，員工認股計畫也不是永遠都萬無一失的。如果公司表現不佳，你的員工認股計畫配比也會不好。

還有其他需要考慮的因素。你的薪水、福利，如果可能的話還有紅利，全都仰賴公司，意思是，你的財務未來跟公司的命運緊緊的綁在一起，讓財務風險因此提高，這可能不太合理（見第51章）。

整體而言，員工認股計畫是個員工可以善加利用

的好福利。

　　當然，這個計畫的實行細則影響甚鉅，在你簽署加入之前，務必要確認你已詳知所有的優缺點。

第57章

歐美國家普及的歸屬權

許多雇主選擇在部分的員工福利計畫中加入分期**歸屬權**（vesting，編按：為歐美普及的制度）。

雇主在特定類型的員工福利，例如：**退休金**、401（k）退休福利計畫配比，或是股票獎勵制度（詳見第58章），加入歸屬權期，是很常見的。

歸屬權期的年限可長可短，但是401（k）退休福利計畫配比或是股票獎勵制度，最常見的年限是三到四年。歸屬期通常在員工有資格得到股票薪酬的一年後開始（例如：公司的新進員工，可能要等到90天後，才能簽屬公司的401（k）退休福利計畫。有些公司的歸屬期是從簽屬公司401〔k〕退休福利計畫日期後的一年開始，而不是雇用日期。）歸屬期可平均分次配

> **歸屬權**是法律用語，意思是經過一段時間後，才能得到一筆金融資產的所有權。

發，也可以一次配發，或是以員工希望的組合配發。

例如，假設一家公司的401（k）退休福利計畫的歸屬期是三年，意思是，這個員工一年就可以獲得雇主配比33％的擁有權。

第一年結束時，這個員工可以擁有33％的401（k）退休福利計畫的雇主配比；第二年結束時，這個員工可以擁有66％的401（k）退休福利計畫的雇主配比；第三年結束時，這個員工可以擁有100％的401（k）退休福利計畫的雇主配比。當員工獲得資產的全部歸屬權時，就是完全授予生效。

歸屬權期是為了要鼓勵員工能長期為公司效力而設計，如果員工在歸屬權期走完之前就離職，那他們就會損失一些或是全部的薪資福利。

舉例來說，如果上述例子中的員工選擇在第二年的年中離職，那他將可留住33％的 401（k）退休福利計畫的雇主配比；若是他選擇在第一年到期前離職，那他將得不到任何的401（k）退休福利計畫的雇主配比。

每個歸屬權期都有自己的一套規範，在你簽署加入之前，務必要確認你已詳知歸屬權期所有的細則。

第58章

股票獎勵制度，
員工可以拿到哪些好處？

公司獎勵員工有很多種方式，最常見的就是：薪水、紅利、福利，但有些雇主選擇**股票獎勵制度**（又稱「股權獎酬」）。

股票獎勵制度在剛創業的公司中相當常見。許多初創公司無法給予員工高薪，因此採用股票獎勵制度來彌補。下面是股票種類：

業績股票（Performance Shares）：企業主管或經營者業績達到公司目標時，專門給他們的股票薪酬。例如，經營者的業績股票可能會跟公司每股盈餘或是股價達到某個目標價格綁在一起。

> **股票獎勵制度**是公司用自家的股票或員工認股權來獎勵或激勵員工。

限制型股票（Restricted Stock Units）：雇主發放給員工的新股，同時約定員工須在公司達到一定服務年資，才能獲得。一旦員工拿到限制型股票，他們可以依照自己的意願出售股票。

認股選擇權（Stock Options）：賦予員工在未來不論公司股價如何變動，都能以議定的價格購買公司股票股份的權利。舉例來說，不管未來10年公司股價漲到50、或甚至是1000美元，員工都能以每股5美元的價格，購買公司100股的股份。重要的是，認股選擇權給予員工權利，讓他們想買股票時就可以買，但是員工沒有非買不可的義務。

股票獎勵制度在員工能夠領取前，先設定歸屬權期是很常見的。如果公司營運很成功，股票獎勵制度是可以讓員工獲利豐厚的，然而如果公司營運不佳，股票獎勵制度可說毫無用處。

第 59 章

聯準會的兩大任務

　　自從建國以來，美國一直面臨經濟蓬勃發展與衰退。

　　承本書第23章，1913年，政治家們決定要採取行動減少經濟波動。美國政府通過了「美國聯邦準備法案」，創立了「聯準會」。

　　聯準會創立的主要目的，是成為銀行與美國銀行體系的管理者與監督者。此外，聯準會也被賦予頒布與執行控制銀行貸款業務法規的權力。

　　聯準會主要肩負兩項任務：

- 擴大就業
- 穩定物價

　　管理這兩者的主要工具就是控制利率，特別是銀

行間互相借貸的利率 —— 聯邦基金利率（federal funds rate）。

聯邦基金利率是美國最重要的利率，其他所有的利率都是以它為基準。

要平衡這兩項任務並不容易。整體來說，當通貨膨脹率高，失業率就低；當通貨膨脹率低，失業率就高。

如果失業率變高，聯準會就會降息，此舉可以鼓勵企業與消費者借錢消費，時間一久，不但能促進經濟成長，也能降低失業率。

如果通貨膨脹率變高，聯準會就會升息，使得借錢消費需要付出更多的代價，造成經濟成長緩慢，導致失業率增加，通貨膨脹率降低。

聯準會必須要平衡它的兩大任務，才能擴大就業且不造成高通膨。

第60章

保證資訊公開的證交會

　　1920年代是美國蓬勃發展的時期，新科技與工業的出現，使得經濟快速成長，股市以屢創新高來反映這份興盛。

　　這一波榮景在1929年驟然畫下句點，股市開始下跌、經濟活動趨緩、失業率開始上升。

　　接著出現的就是經濟大災難，銀行倒閉，建設停擺，穀物價格崩跌，使得農民破產，數百萬的人失去工作。

　　歷史學家稱這個時期為「經濟大恐慌」。這是20世紀時，美國持續最久、影響最深、範圍最廣的經濟衰退。

　　到了1934年，主管機關發現許多金融機構在1929年股災之前就已經開始誤導他們的投資人。當時，金融市場僅做了微幅的控管，詐騙、內線交易，

以及其他金融濫用事件也
因此更容易發生。

> **美國證券交易委員會**是個
> 聯邦機構，專門監管美國
> 的金融市場。

　　為了確保經濟大恐慌
不會再度發生，「證券交易法」由富蘭克林·羅斯福
總統（President Franklin Roosevelt）在1934年簽署
生效，根據這個法律設立了**美國證券交易委員會**
（Securities and Exchange Commission，以下簡稱
SEC）。

　　SEC的性質跟美國食品藥物管理署（FDA）有點
相似，差別在於SEC的業務重點是：執行金融法律
與維持健全的資本市場。

　　SEC是為了防止可能的金融濫用而設立。這個機
構逐步地幫助美國人回復對金融市場的信心。

　　時至今日，SEC依然負責執行金融法規。公家企
業需要定期繳交報告與其他資料給SEC，所有的資料
全都公開給大眾。

第61章

股票分割，吸引投資人的手段

假設貝斯特咖啡由於營運非常成功，股價一路上漲到每股100美元。

在幾十年前，這句話可是會產生問題的。證券商以前會鼓勵他們的客戶買、賣股票以100股為單位，如果公司的每股股價超過100美元，投資人的交易價格就會增加到10,000美元（100股乘以每股100美元）。

如此高昂的金額對多數人來說都是購買阻因。此時，企業在自家股價過高時，為了吸引更多人能購買股票，會用**股票分割**的方式來壓低股價。

一個常見的股票分割方式就是企業將自家現有的股數全都除以2。當這種情況出現時，現有的股東持有的股份全都會

> **股票分割**就是企業要讓股價變低，降低入手門檻，而拆分每一股為多個股數。

變成兩倍，而新股價會變成只有舊股價的一半，淨效應就是所有投資人手上的持股金額跟以前是一樣的。

很多人搞不懂股票分割。這裡有個簡單的思考方式：你買了一個大的、切成四片的起司披薩，但是你要八片，你會怎麼做？你就把一片切成兩片。哇啦！現在你有八片披薩了。

披薩的總數並沒有改變，差別在於四片大披薩分成八片小披薩。

企業分割股票也是這個道理。假設一家公司價值16美元，然後分成8股，意思是每股價值2美元。

這家公司決定要以兩股換一股的方式進行股票分

圖11.4　2：1的分割（將1股拆成2股）

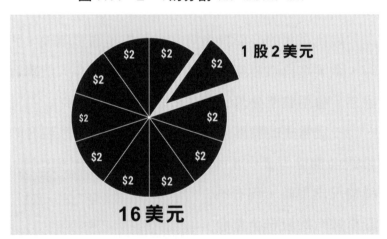

割，現有的每股都要分成兩半，之前的8股，現在變成了16股。

因為公司股票價值16美元，而現在分成16股，所以每股的價格就跌到1美元。

股票分割讓人感到困惑，很大的部分是因為股票價格容易查詢，而公司的總價值卻不易得知。

圖11.5　股票分割後，股東權益不變

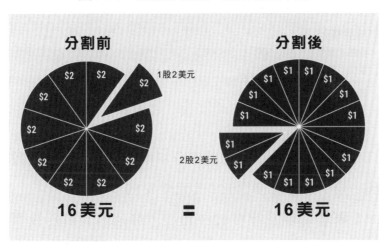

讓我們回到貝斯特咖啡這個例子。股票價格已經漲到每股100美元，娜塔莉、伊森、蘿倫都認為股價過高，並且決定進行兩股換一股的股票分割。

股票分割前，娜塔莉擁有6,000股，價值60萬美

元；伊森擁有3,000股，價值30萬美元；蘿倫擁有1,000股，價值10萬美元；投資大眾擁有10,000股，價值100萬美元。總計有2萬股，每股價格為100美元。

股票分割前，貝斯特咖啡的持股比例見下表：

股價：100美元	娜塔莉	伊森	蘿倫	投資大眾	總計
持有股數	6,000	3,000	1,000	10,000	20,000
持股價值（股數×股價）（單位：美元）	600,000	300,000	100,000	1,000,000	2,000,000
持股比例（％）	40	20	7	33	100

經過兩股換一股的股票分割後，每個人的持股數翻一倍，每股股價從100美元變成50美元。

娜塔莉現在擁有12,000股，但是因為目前股價是50美元，所以她所有股票的價值還是60萬美元；伊森現在擁有6,000股，但是他所有的股票還是價值30萬美元；蘿倫現在擁有2,000股，但是她所有的股票價值依然是10萬美元；投資大眾現在擁有2萬股，價值仍只有100萬美元。

股票分割後，貝斯特咖啡的持股比例是這樣：

股價：50美元	娜塔莉	伊森	蘿倫	投資大眾	總計
持有股數	12,000	6,000	2,000	20,000	40,000
持股價值 （股數×每股股價） （單位：美元）	600,000	300,000	100,000	100,000,000	200,000,000
持股比例 （％）	40	20	7	33	100

娜塔莉、伊森、蘿倫的股票價值並沒有改變，他們的持股比例也沒有改變。娜塔莉、伊森和蘿倫一樣擁有貝斯特咖啡一半的股份，而投資大眾一樣擁有另一半的股份。

你要記住這個關鍵：股票分割不會為投資人帶來任何價值，它們只會增加總股數並且降低每股股價。

我該早二十年有這些習慣與認知，或許你也是

我希望這本書給了你需要的資訊，讓你能夠信心滿滿的投資股市。這是一本當我開始投資時，**我希望我能擁有**的書，因為當時我什麼不懂。

今日我所擁有的關於金錢、個人財務與投資的知識，全都是我多年來靠著閱讀、跟其他聰明的投資人交流，以及我個人不斷嘗試錯誤的經驗累積。

關於金錢的教訓，有些我學得毫不費力，有些則是付出慘痛的代價。

我經常問我自己一個問題：「關於金錢、個人財務與投資，我希望年輕時的我，能從我這裡學到什麼？」

你在這本書中可以找到大部分關於投資的答案。這裡有一些重要的金錢課程，我希望我能傳授給年輕時的我──也許它們對你也有幫助：

儲蓄比投資重要

沒有儲蓄就沒有投資——句點！如果你才剛起步，你該將大部份精力專注在增加你的收入，以及過簡樸的生活，時間一久，你的儲蓄就會增加，你就有更多的錢可以投資。

清償債務

當一切都很順利的時候，負債感覺沒什麼，但是，當生活情況急轉直下，債務就會是個沉重的負擔。未來無法預測，負債帶給你的財務壓力比什麼都大。如果你目前有負債，要將盡快清償列為首要。

追蹤你的收入、花費與資產淨值

沒有好的資料就無法做出好的財務決定。這就是為什麼我強烈支持你追蹤你的收入、花費與資產淨值。我不在乎你如何追蹤這些數字——有些人會使用Mint、YNAB等軟體，其他人則用Google Sheets或是Microsoft Excel來記錄。選一個適合你的方式，然後認真執行。

複利利息亦敵亦友

記得第一章提過的亞倫嗎？感謝複利的力量，讓他將每月400美元變成300萬美元。如果你能將複利變成你的朋友，總有一天，你會致富；如果你因為背負許多債務而將複利變成你的敵人，你永遠都不會有錢。

投資不是有錢人的專利

人人都能學習如何投資。投資並不複雜，也不需要很多錢。

過度分析將使你裹足不前

新手投資人在有信心開始投資之前，不斷搜尋資訊是很常見的。事實上，投資不需要這麼複雜。

指數型基金＋定期定額＋耐心＝勝利方程式

不要讓過度分析讓你不敢開始。

投資沒有「最佳」時機

充斥媒體的負面頭條新聞，可能會讓你相信現在不是開始投資的好時機，但事實是，投資從來沒有所

謂的「最佳時機」。開始，就對了。

長期投資比波段操作更重要

決定你在市場表現的單一最大因素就是你持續投資的時間。不要想著與市場較勁，只要按照固定時程投資數十年，你就很會高興自己當初這麼做了。

你不需要自己選股

我是個投資狂熱者。我喜歡研究各家公司，估算它們的價值，然後購買它們的股票。我喜歡投資帶來的挑戰，因此我的資產大都投資在個股上，然而，很少人像我一樣熱愛股市。

研究股市這個想法讓多數人覺得無聊到想哭。但這不是問題！如果你沒有興趣也沒有時間學習如何投資個股，你可以選擇指數化投資，那麼你就可以收工了。

耐心是你戰勝華爾街的最大優勢 —— 小心錯失

長期投資是投資成功的不二法門。短期投資時，任何事都會（也將會）在股市發生。當股價下跌，你

必須要培養耐心，守住手中的股票，如果你讓情緒控制了你而倉促的賣出股票，你的投資不會成功。

雞蛋水餃股的價格其來有自，通常不能幫你賺錢

當我剛開始投資時，我被雞蛋水餃股深深吸引。幸運的是，雖然雞蛋水餃股帶給我很糟的經驗，而且感覺還虧了很多錢，但這反而成為我所付過最值得的學費。從此我學會了避開雞蛋水餃股，因為它們的價格如此是有原因的。

是投資，不是交易

快速買賣股票賺取小額獲利的確是很吸引人。如果你認為以華爾街的做法就能打敗華爾街，別忘了專業的交易人員有比你更快的電腦，以及更多的資訊。

即刻開始

中國有句諺語是這麼說的：「種樹的最佳時機是20年前，第二好的時機就是現在。」這用在投資上面尤其正確。我常聽見投資老手掛在嘴邊的遺憾就是：「真希望我早一點開始投資。」對此我感同身

受，而我也很幸運地能在22歲的時候就對投資有興趣。讓你的財富雪球盡早開始滾動吧，日後你會很慶幸自己現在就開始。

名詞檢索，投資知識盤點

- 401（k）退休福利帳戶：一種由雇主資助，提供員工稅務優惠的退休福利帳戶。
- IRA個人退休福利帳戶：享有稅務優惠的個人退休帳戶。個人可以存入稅前薪資，並享有延遲扣稅的優惠，退休時將資金提出才需要繳稅。

0～5劃

- 牛市：就是市場價格持續上漲。又稱多頭市場。
- 手續費：完成一筆交易後，支付給證券公司的費用。
- 公司債券：由企業發行的債券。
- 市值加權指數：是指股市裡的每一檔股票都是以它目前的公司市值來衡量。
- 市值：公司股票在市場上的總價值。
- 市政債券：由地方政府發行的債券。

- 付息日：債券支付利息的日期。
- 生產力：以相同（或更少）的資源，生產更多產品與服務的新方法。
- 目標日期基金：一種定期再平衡股票、債券、與貨幣投資配置，以優化風險與報酬，並且在預設的時間範圍贖回的共同基金（或ETF）。
- 收購：一家企業買下另一家企業的大部份股票，藉此得到控制權。

6～10劃

- 多元化投資：持有許多不同類型的資產，將風險最小化、長期報酬最大化的風險管理投資策略。
- 共同基金：共同基金就是將集合一群投資人的資金，由專業經理人管理、操作，可以投資的金融資產包括股票、債券或是貨幣。
- 再平衡：把投資組合重新平衡一次的過程。
- 股份公司：一個與公司經營者分割的法律實體。股份公司是由股東擁有，股東對於公司的資產與獲利有法定請求權，但是不必為公司的債務或行為負責。

- 股利：公司的部分獲利發放給股東。
- 股息再投資：將從股票或基金獲得的股利，用來購買同一檔股票或基金的額外股份。
- 股票股利：公司以股票的形式發放股利給股東。
- 股息殖利率：一個財務比率，用來估算投資者從持有股票（基金）中預期獲得的現金回報。
- 股票：代表擁有公司多少比例的金融證券。
- 股票獎勵制度：公司不以現金，而以自家的股票或認股選擇權來獎勵或激勵員工。
- 股票回購：公司從投資人手中買回自家的股票。當這種情況發生時，現存的股數會減少，使得剩下的股數擁有較大比例的公司股權。
- 股市：一個企業與投資人可以相互買、賣股票，或是讓上市公司可以發行股份的地方。
- 股票分割：公司要讓股價變低，降低入手門檻，而拆分每一股為多個股數持股總市值沒有發生變化。
- 股市指數：用來幫助投資人追蹤股市整體表現的股票價格變化數據。
- 定期定額投資：就是在固定時間用固定金額買進金融資產，不論買進的價格高低。

- 到期日：債券償還本金的日期。
- 政府機構債券：美國政府贊助的相關機構，或者政府支持相關政策推行所發行的一類債券。
- 指數股票型基金（ETF）：金融資產的集合，跟股票一樣可以在交易所買賣。
- 指數型基金：追蹤某指數並跟隨該指數漲跌的投資產品。
- 內扣費用：為了維持基金運作所收取的經常性費用。
- 面值：償付給債權持有人的金額。
- 政府公債券： 由中央政府發行的債券。
- 首次公開發行（IPO）：是指私人公司想要出售新股給投資大眾。這些股票會在紐約證券交易所，或是納斯達克證券交易所交易。
- 限制型股票：一種由雇主以股票的形式發放給員工的股票薪酬。限制型股票的通常都有歸屬權期的限制，當員工的表現達標，或是在公司服務一定的年限才會發放。
- 美國證券交易委員會：專門監管美國金融市場的聯邦機構。

- 修正：市場價格從最近一次的高點下跌10％或更多。
- 員工認股計畫：允許員工每月定期從薪水撥款，來購買公司的股票。
- 財產受託人：指個人或機構為他人利益辦事時，在法律上有義務將客戶的最大利益置於自己的利益之上。
- 理專：協助客戶管理財務的專業人士。
- 納斯達克綜合指數：一種可以追蹤所有在納斯達克交易所掛牌上市的公司價格走勢指數。
- 納斯達克證券交易所：1971年創設的電子交易股市。NASDAQ指的是「全美證券交易商協會自動報價系統」。
- 退休金計畫（Pension）：雇主提供退休員工每月收入的退休計畫。雇主負擔所有風險與責任來資助這個計畫。

11～15劃

- 票面利率：債券利率。
- 通貨膨脹：商品和服務的價格隨著時間的推移而上

漲。

- 稀釋效應：指一家公司增發新股，因而使這家公司原有股東的持股比例減少。

- 創新：指新型態的產品與服務在市場上推出，並且為企業帶來新的商機。

- 發行價格：債券當初發行的價格。

- 債券：由企業、政府、或其他機構發行，並且出售給投資人的債務證券。債券也被稱為固定收益型商品，也被稱為「固定收入」的金融商品，因為債券持有人以固定利率賺取利息。

- 資本利得：隨一項資產以高於其買進時的價格出售而產生。

- 資產配置：指依據投資人需求來優化投資組合中各個資產的策略，藉以平衡報酬與風險。

- 資產投資組合：投資人持有的金融資產組合。

- 道瓊工業平均指數：最早創設幫助投資人了解股市漲跌的指數之一。以價格加權的計算方式追蹤30家公司當天股市的表現。

- 熊市：指當市場價格跌幅達到或超過20％並持續一段時間。

- 複利：投資的收益一再地重複投資所產生的額外報酬。這導致投資隨著時間流逝，以越來越快的速度，越變越多。
- 盤整市場：市場交易價格長時間維持在一個相當穩定的範圍。

16～20劃

- 機器人理財：利用電腦演算法，提供自動化財務建議給投資人的網站或應用程式。
- 聯準會：美國的中央銀行。美國政府創立聯邦準備理事會來提供國家更為穩定的貨幣與金融系統。
- 歸屬權（vesting）：雇主在特定的員工薪酬計畫中附加的條款，員工要工作到特定年限，才能取得資產所有權。
- 羅斯401（k）退休福利帳戶：由雇主資助，結合傳統401（k）退休福利帳戶與羅斯IRA個人退休福利帳戶特點的退休福利帳戶。
- 羅斯IRA退休福利帳戶：存入稅後資金，未來提領帳戶資金享有免稅優惠的退休福利帳戶。

推薦資源

證券商：

- 嘉信理財集團 （Charles Schwab）
- E*Trade金融公司 （E*Trade）
- 富達投信 （Fidelity）
- 盈透證券 （interactive Brokers）
- M1 Finance （M1 Finance）
- 德美利證券 （TD Ameritrade）
- 先鋒領航投資集團 （Vanguard）

推薦閱讀

《FIRE・致富實踐》（*Choose FI: Your Blueprint to Financial Independence*），克利斯・瑪慕拉, 布萊德・巴瑞特, 喬納森・曼德沙 著

《彼得林區 選股戰略》（*One Up on Wall*

Street），彼得・林區、約翰・羅斯查得 著

《理財盲點》（*The Dumb Things Smart People Do with Their Money*），吉兒・施萊辛格（Jill Schlesinger）著

《索引卡》（*The Index Card*），赫蓮・歐萊恩（Helaine Olen）、哈洛德・帕雷克（Harold Pollack）著

《原來有錢人都這麼做》（*The Millionaire Next Door*），湯瑪斯・史丹利（Thomas J. Stanley）、威廉・丹柯（William D. Danko）著

《萬里富的大破大立者》（The Motley Fool's Rule Breakers Rules Makers，暫無中文版）大衛・加德納（David Gardner）、湯姆・加德納（Tom Gardner）著

《告別零存款！下個月的薪水這樣存》（*The One-Page Financial Plan*），卡爾・理查茲（Carl Richards）著

《致富心態》（*The Psychology of Money: Timeless Lessons on Wealth, Greed, and Happiness*），摩根・豪瑟著

《用10%薪水變有錢》（*The Richest Man in Babylon*），喬治・山繆・克拉森（George S. Clason）著

《簡單致富》（*The Simple Path to wealth*），吉姆・柯林斯（J.L Collins）著

《跟錢好好相處》（*Your Money or Your Life: 9 Steps to Transforming Your Relationship with Money and Achieving Financial Independence*），薇琪・魯賓（Vicki Robin）、喬・杜明桂（Joe Dominguez）著

投資資源

- cmlviz.com
- finviz.com
- fool.com
- morningstar.com
- stockrow.com
- finance.yahoo.com

想要獲得推薦證券商、書籍、投資網站、Podcast 等等的免費即時名單，請上 brianferoldi.com/resources。

致謝

致我的太太，凱蒂，在這個名為人生的旅途，與我相伴至今20年的伴侶。

感謝泰勒、琳希、瑪德琳，始終鼓勵我盡情享受我的人生。

感謝肯‧佛羅迪（Ken Feroldi）與南希‧佛羅迪（Nancy Feroldi），一直以來對我的信任。

感謝大衛‧加德納（David Gardner）與湯姆‧加德納（Tom Gardner），創立了一家神奇的公司，並且大大地豐富了我的人生。

感謝阿南德‧丘克維魯（Anand Chokkavelu）、羅蘋‧吉瑞（Robin Geary）、麥克‧道格拉斯（Michael Douglasa）、克莉絲汀‧哈潔絲（Christine Harjes），願意冒險給一個拼寫與文法技巧皆有待加強的作家機會。

感謝摩根‧豪瑟（Morgan Housel）與布萊恩‧

史多佛（Brian Stoffel），給我寫這本書的靈感。

感謝MK・威廉斯（MK Williams）、布萊德・貝瑞特（Bred Barret）、強納森・曼唐薩（Jonathan Mendonsa），願意冒險給一個新手作者機會。

感謝卡斯頓・傑斯克（Karsten Jeske）（又名「大恩」）幫助我了解所有股市的歷史資料。

感謝麗莎・邁希納（Lisa Messina）、傑米・歐希（Jamie Orsi）、麥可・卡萊斯與金・卡萊斯（Mike and Kim Calise）、寇特妮・摩拉賽提（Courtney Morrosetti）、史提夫・雷蒙（Steve Reymond）、海瑟・史諾（Heather Snow）、艾德・維蘭特（Ed Vallante），以及我所有的朋友、家人、粉絲，他們貢獻寶貴的時間，讓這本書變得更好。

一起來　思 037

股票是在漲什麼？
眼光比較重要！實踐致富心態的底層知識
Why Does The Stock Market Go Up?: Everything You Should Have Been Taught
About Investing In School, But Weren't

作　　　者　布萊恩・費羅迪（Brian Feroldi）
譯　　　者　黃意雯
主　　　編　林子揚
編　　　輯　林杰蓉

總　編　輯　陳旭華 steve@bookrep.com.tw
社　　　長　郭重興
發　行　人　曾大福
出　版　單　位　一起來出版／遠足文化事業股份有限公司
發　　　行　遠足文化事業股份有限公司 www.bookrep.com.tw
　　　　　　23141 新北市新店區民權路 108-2 號 9 樓
　　　　　　電話｜ 02-22181417　傳真｜ 02-86671851
法　律　顧　問　華洋法律事務所　蘇文生律師

封　面　設　計　江孟達工作室
內　頁　排　版　新鑫電腦排版工作室
印　　　製　通南彩色印刷有限公司
初　版　一　刷　2023 年 2 月
定　　　價　400 元
I　S　B　N　9786267212042（平裝）
　　　　　　9786267212028（EPUB）
　　　　　　9786267212035（PDF）

Why Does The Stock Market Go Up?
Copyright © 2021 by Brian Feroldi
Published by arrangement with Write View, through The Grayhawk Agency
Complex Chinese translation ©2023 copyright
by Come Together Press, an Imprint of WALKERS CULTURAL CO., LTD.
All rights reserved

國家圖書館出版品預行編目（CIP）資料

股票是在漲什麼？：眼光比較重要！實踐致富心態的底層知識／布萊
恩・費羅迪（Brian Feroldi）著；黃意雯譯 . -- 初版 . -- 新北市：一起來
出版：遠足文化事業股份有限公司發行 , 2023.02
272 面；14.8×21 公分 . --（一起來思；37）
譯自：Why does the stock market go up?:everything you should have been
　　　taught about investing in school, but weren't
ISBN 978-626-7212-04-2（平裝）

1. CST: 股票投資　2. CST: 投資分析

563.53　　　　　　　　　　　　　　　　　　　　　111021912